# 九州の鉄道

## 私鉄・路面電車編【現役路線・廃止路線】

写真：安田就視
解説：山田 亮

大牟田線20系を前身とする120系（ク150－モ120）手前はク156。画面右奥にも120系が見える。宮地岳線は博多湾鉄道汽船（現在のJR香椎線も経営していた）が1925（大正14）年7月に新博多（千鳥橋付近）～宮地岳間を開業し、1929（昭和4）年に電化され1942（昭和17）年に西鉄（西日本鉄道）に統合され、2007（平成19）年4月1日、西鉄新宮～津屋崎間廃止に伴い貝塚線と改称された。軌間は国鉄と同じ1067mmで西鉄大牟田線とはまったく異なる雰囲気である。◎西鉄宮地岳線　貝塚　1981（昭和56）年7月　撮影：安田就視

# Contents

## 1章 鉄道線

西日本鉄道天神大牟田線 ……………… 6

西日本鉄道太宰府線 …………………… 28

西日本鉄道甘木線 ……………………… 32

西日本鉄道貝塚線 ……………………… 40

北九州高速鉄道（北九州モノレール）小倉線 … 56

筑豊電気鉄道 …………………………… 58

福岡市交通局 …………………………… 62

　空港線・箱崎線

　七隈線

日本炭礦専用鉄道　高松線 …………… 66

貝島炭鉱専用線 ………………………… 68

三井三池港務所鉄道 …………………… 72

荒尾市営電気鉄道 ……………………… 74

島原鉄道　島原鉄道線 ………………… 76

山鹿温泉鉄道 …………………………… 84

熊本電気鉄道 …………………………… 86

　藤崎線

　菊池線

　菊池線支線（上熊本線）

熊延鉄道 ………………………………… 96

大分交通 ………………………………… 98

　耶馬渓線

　宇佐参宮線

　国東線

日本鉱業佐賀関鉄道 …………………… 108

宮崎交通 ………………………………… 110

鹿児島交通 ……………………………… 112

　枕崎線（南薩線）

　万世線

　知覧線

# 2章 路面電車

| | |
|---|---|
| 西日本鉄道軌道線 | 122 |
| 北九州交通局（若松市運輸部） | 142 |
| 長崎電気軌道 | 144 |
| 熊本市交通局 | 152 |
| 大分交通 | 162 |
| 　別大線 | |
| 鹿児島市交通局 | 166 |

終点甘木に近づく200系4両。後ろには国鉄甘木線（現・甘木鉄道）が通っている。
◎西鉄甘木線　馬田〜甘木　1980（昭和55）年9月　撮影：安田就視

# まえがき

　九州の私鉄といえば筆頭に西日本鉄道（西鉄）があげられる。鉄道は現在では天神大牟田線と貝塚線だけであるが、かつては北九州線、福岡市内線の二大路面電車も保有し、福岡県内をほぼ網羅する路線バス、九州一円および東京はじめ本州、四国各地まで足をのばす高速バスもあわせて経営する九州を代表する交通事業者である。特に天神大牟田線の都市間連絡特急、急行電車および福岡近郊の通勤電車は関東、関西、中京の大手私鉄と同じレベルであり、福岡都市圏の発展は西鉄の「高速電車」としての実力と沿線開発が大きく寄与していることはいうまでもない。

　地方中核都市として札仙広福といわれるが、福岡都市圏の「都市力」は三大都市圏の次にランクされ、札幌、仙台、広島に大きく差をつけている。札幌、仙台には地下鉄はあるが、周辺都市との連絡はＪＲだけである。広島もＪＲのほかに私鉄、新交通システムもあるが「高速電車」とはいい難い。都市の成長、発展には中心都市と周辺都市をむすぶ「私鉄高速電車」の存在が不可欠であることを証明している。なぜ私鉄かというと電車運転のみならず都市開発、沿線開発の「ノウハウ」を持っているからである。

　とはいうものの九州全体では高速道路網の整備が進み、福岡と各県庁所在地間を結ぶ高速バス網も充実し高速バス王国ともいわれる。2011年3月に全線開通した九州新幹線は博多～鹿児島中央間を最短1時間16分で結び鉄道の優位性を発揮しているが、他のＪＲ在来線は特急といえども高速バスと所要時間はそれほど変わらず激しい競争にさらされている。

　私鉄も西鉄天神大牟田線を除くと「苦戦」しているのが現実である。かつて九州各地を走っていた私鉄はその多くが非電化ローカル線であり、沿線の過疎化、道路の整備、モータリゼーションの進展で多くは退場した。次に路面電車であるが、九州二大都市で都市内交通機関としての地位を築いていた西鉄北九州線、福岡市内線はそのシステムが旧態依然だったこともあって退場を余儀なくされ、地下鉄、モノレール、バスが後を継いでいる。だが、県庁所在地である長崎、熊本、鹿児島の路面電車は、地域の足、観光の足として頑張っている。

　本書は九州における現役の私鉄として西日本鉄道、筑豊電気鉄道、島原鉄道、熊本電気鉄道を、路面電車として長崎、熊本、鹿児島を、公営鉄道として、福岡市営地下鉄、北九州モノレールを取りあげた。さらにすでに廃線になっている各私鉄、専用鉄道も可能な限り掲載している。ここ数十年間の移り変わりを回想していただければ幸いである。

2019年11月　山田 亮

# 1章
# 鉄道線

| | | |
|---|---|---|
| 西日本鉄道天神大牟田線 | 貝島炭鉱専用線 | 大分交通 |
| 西日本鉄道太宰府線 | 三井三池港務所鉄道 | 　耶馬渓線 |
| 西日本鉄道甘木線 | 荒尾市営電気鉄道 | 　宇佐参宮線 |
| 西日本鉄道貝塚線 | 島原鉄道　島原鉄道線 | 　国東線 |
| 北九州高速鉄道 | 山鹿温泉鉄道 | 日本鉱業佐賀関鉄道 |
| 　（北九州モノレール）小倉線 | 熊本電気鉄道 | 宮崎交通 |
| 筑豊電気鉄道 | 　藤崎線 | 鹿児島交通 |
| 福岡市交通局 | 　菊池線 | 　枕崎線（南薩線） |
| 　空港線・箱崎線 | 　菊池線支線（上熊本線） | 　万世線 |
| 　七隈線 | 熊延鉄道 | 　知覧線 |
| 日本炭礦専用鉄道　高松線 | | |

水無川にかかる安新大橋を走る1994（平成6）年登場のキハ2500形。背後は1990（平成2）年に噴火した雲仙普賢岳。1991年6月に水無川で発生した土石流で安徳〜瀬野深江間は線路が埋没、流出した。この区間を含む島原外港〜瀬野深江間が高架化され、1997年4月に全線で運転再開されたが、2008（平成20）年3月末限りで島原外港〜加津佐間が廃止された。
◎島原鉄道　瀬野深江〜安徳　1998（平成10）年10月　撮影：安田就視

# 西日本鉄道天神大牟田線

にしにっぽんてつどう　てんじんおおむたせん

## 路線DATA
開業：1924（大正13）年4月12日
区間：西鉄福岡（天神）〜大牟田
距離：74.8km
駅数：49駅

　西日本鉄道を代表する天神大牟田線は西鉄福岡（天神）〜大牟田間74.8kmを結ぶ高速電車で、福岡と久留米、大牟田を結ぶ都市間連絡輸送、福岡とその近郊都市を結ぶ郊外輸送、さらに大宰府、水郷として知られる柳川への観光輸送の使命をあわせもっている。

　天神大牟田線は以前は大牟田線と称していた。大牟田線は福岡中心部と筑後平野の中心地で当時の軍都であった久留米を結ぶ電車として計画された。当初は道路上に敷設した併用軌道とし路面電車形態とする計画であったが、関西ですでに開通していた阪神急行電鉄（現・阪急電鉄神戸本線）の影響を受け、軌間1435mmの専用軌道を走る「高速電車」に変更され、新たに設立された九州鉄道（1906年に国有化された九州鉄道とは異なる）によって1924（大正13）年3月、九鉄福岡〜九鉄久留米間が開通した。当初から全線複線、電圧1500V、標準軌間の堂々たる高速電気鉄道だった。線形は高速運転を指向し直線が多く、当時の関東私鉄にこのような鉄道は存在せず、阪急とともに時代の先端を行く高速鉄道だった。

　九州鉄道は設立時から大牟田、熊本への延長計画があり、久留米以南への延長は大川鉄道、三井電気軌道の免許を利用した。資金難もあって単線とせざるをえなかったが、可能な限り直線とし高速運転への配慮がなされた。1932年7月に津福、1937年10月に柳河（現・西鉄柳川）まで延長され、折からの日中戦争による資材入手難を克服し1938年10月に新栄町（大牟田市内）まで開通し翌1939（昭和14）年7月には大牟田まで全線が開通した。1942（昭和17）年9月には九州鉄道、九州電気軌道、博多湾鉄道汽船、福博電車、筑前参宮鉄道（1944年の戦時買収で国鉄勝田線となる）が合併し西日本鉄道となった。熊本への延長は太平洋戦争中の資材難や戦時中の「交通統制」で実現しなかった。

　戦後の大牟田線は「特急の歴史」でもある。1959（昭和34）年5月、従来の急行を格上げする形で西鉄福岡〜大牟田間に特急が登場し、2ドア、固定クロスシートの1000系を使用し45分間隔で運転された。1966年10月からは特急が30分間隔となり、西鉄福岡〜西鉄久留米間は特急、急行あわせて15分間隔となった。

　1973年5月改正から特急に冷房付き2ドア、転換式クロスシートの2000系が登場し、1989年には運転台直後を展望室とした2ドア、転換式クロスシートの8000系が登場した。8000系は阪急6300系、京阪8000系とともに私鉄の料金不要列車では最高レベルの車両であった。

　現在では8000系は引退し、特急には3ドア転換クロスの3000系および3ドア、ロングシートの5000系が使用されている。

大牟田線モ31（モ20形後期車）木造車を鋼体化した車両。◎西鉄福岡　1964（昭和39）年1月5日　撮影：髙井薫平

200形の大牟田行き普通電車。◎西鉄二日市　1964(昭和39)年1月5日　撮影：髙井薫平

1300形の大牟田線特急。◎西鉄福岡～薬院　1962(昭和37)年2月28日　撮影：小川峯生

高架化された西鉄福岡駅と岩田屋。福岡の中心地天神にある西鉄(西日本鉄道)のターミナル西鉄福岡駅とその周辺。西鉄福岡駅舎と高架ホームは1961年11月に完成した3代目で画面上部にターミナルデパート岩田屋がある。その北側には天神ビルがあり威容を誇った。画面左下の白い屋根は福岡スポーツセンター。画面右下には高架化工事中の仮駅舎。画面右上は天神交差点で市内線の電停が見える。
◎1961(昭和36)年10月21日　提供：朝日新聞社

西日本鉄道天神大牟田線

1986（昭和61）年当時の福岡の中心部天神。交差点に面した壁面が曲線を描く建物は岩田屋百貨店で外観を現代風に改装した。現在この場所は福岡ＰＡＲＣＯ（パルコ）がある。その上部は西鉄福岡駅。右下には福岡スポーツセンターが見える。◎提供：朝日新聞社

那賀川橋梁を走る1300形特急。◎大橋〜井尻　1971(昭和46)年　撮影：吉富 実

3000形の急行花畑行き。3000形は2006年に登場。右は春日原変電所(九州鉄道第一変電所)。
◎春日原〜白木原　2006(平成18)年　撮影：吉富 実

西日本鉄道天神大牟田線

3ドア化された2000形急行のすれ違い。2000形は8000形登場後3ドア化されて急行用になった。
◎下大利　2006(平成18)年　撮影：吉富 実

1939年製造のモ301形。製造時はクロスシートの急行用で当時の九州鉄道の代表車両。
◎二日市工場　1974(昭和49)年3月　撮影：吉富 実

1957年登場の1000形。主として特急、急行に使用。◎二日市工場　1974（昭和49）年3月　撮影：吉富 実

600形の特急大牟田行き。600形は特急にも使用された。◎西鉄二日市　1971（昭和46）年　撮影：吉富 実

西日本鉄道天神大牟田線

600形の特急大牟田行き。600形は特急にも使用された。◎西鉄二日市　1971（昭和46）年　撮影：吉富 実

車両基地建設前の筑紫付近を行く600形6両の特急大牟田行き。◎筑紫～津古　1973（昭和48）年10月　撮影：吉富 実

100形3両の普通列車。100形は1941(昭和16)年に登場した15m車で、3両単位で普通列車に使用。
◎筑紫〜津古　1974(昭和49)年2月　撮影:吉富 実

西鉄中島付近の矢部川鉄橋をゆく1000形4両の普通電車。1000形は2000形登場後に3ドアロングシート化され普通電車に使用。
◎西鉄中島〜江ノ浦　1983(昭和58)年
撮影:吉富 実

西日本鉄道天神大牟田線

20形3両の普通大牟田行き。20形は木造車の台車、機器などを利用し車体を新製した車両で1958〜60年に登場した。前面は特急用1000形に似ている。◎筑紫〜津古　1974(昭和49)年3月　撮影：吉富実

西鉄中島付近の矢部川鉄橋をゆく5000形4両の普通電車。
◎西鉄中島～江ノ浦 1983(昭和58)年 撮影:吉富 実

西日本鉄道天神大牟田線

1973（昭和48）年に登場した2000系特急車。2000系はそれまで特急に使用されていた1000系が非冷房で陳腐化していたため、その置換えとして6編成36両が登場した。両開き2ドア、転換式クロスシートでもちろん冷房車である。8000系の登場により3ドア化され急行、普通に使用されたが2010年までに引退した。◎西鉄大牟田線　津古〜三沢　1978（昭和53）年8月　撮影：安田就視

西鉄大牟田線の単線区間を行く5000系7両編成の特急。5000系は1975(昭和50)年に登場し1991(平成3)年まで製造された3ドアロングシート車で、主として急行、普通に使用されたが朝夕ラッシュ時は特急にも使用された。塗装はアイスグリーンを基調に赤(ボンレッド)の帯が入り、前面は左右非対称で進行方向右側(車掌側)は窓が小さくユニークなデザインである。この区間を含む三潴〜大溝間は1997(平成9)年1月に複線化された。
◎西鉄大牟田線　犬塚〜大溝　1994(平成6)年1月　撮影：安田就視

1962〜72年に製造された3ドア、ロングシートの高性能通勤車600系。主として急行、普通に使用され、後に冷房化された。いわゆる1Ｍ方式で2両から7両までの編成が可能である。塗色はクリームとマルーン（栗色）で当時の西鉄標準色（除く特急）で同時期の名鉄（名古屋鉄道）高性能車の塗色と似ている。津古〜三沢間には1992（平成4）年3月、三国が丘駅が開業した。◎西鉄大牟田線　津古〜三沢　1978（昭和53）年8月　撮影：安田就視

筑後川鉄橋を渡る甘木線から大牟田線へ乗り入れた200系電車花畑行き。この鉄橋は河川改修による川幅を拡幅で、下流側（画面では鉄橋の反対側）に新鉄橋が建設され1981年3月から使用開始された。◎西鉄大牟田線　宮の陣〜櫛原　1978（昭和53）年8月　撮影：安田就視

21

西鉄二日市駅で発車を待つ太宰府線の600系電車。西鉄太宰府線は1902（明治35）3月に大宰府馬車軌道（軌間914㎜）として開通した西鉄最古の路線。当初は九州鉄道（後に国有化）二日市駅前から発着したが1927（昭和2）年に電化および1435㎜に改軌され、当時の九州鉄道（西鉄の前身、国有化された九州鉄道とは異なる）と接続した。1934（昭和9）年に九州鉄道と合併した。
◎西鉄大牟田線　西鉄二日市　1984（昭和59）年　撮影：安田就視

西日本鉄道天神大牟田線

西鉄大牟田線と山陽新幹線博多南線（現在は九州新幹線）との交差。1974（昭和49）年に開通した山陽新幹線博多車両基地（現在の博多総合車両所）への回送線が地元の強い要望で1990（平成2）年4月から旅客線化され博多南線となり新幹線回送電車に乗客を乗せるようになった。上は新幹線100系、下は3ドア化された西鉄2000系。背後の学校は福岡市立高木小学校、画面左上に那珂川が流れる。
◎西鉄大牟田線　大橋～井尻　1998（平成10）年10月6日　撮影：安田就視

西日本鉄道天神大牟田線

筑紫を通過する8000系特急電車。8000系は1989(平成元)年に福岡で開催されたアジア太平洋博覧会にあわせ、同年3月から運転を開始。民鉄の料金不要特急車では阪急6300系、京阪8000系とともに最高水準の車両である。筑紫駅は1924(大正13)年4月、九州鉄道(現・西鉄)福岡〜久留米間開通時に開業。敗戦直前の1945(昭和20)年8月8日、停車中の下り電車と付近走行中の上り電車が米軍機の機銃掃射を受け多数の死傷者をだした。画面右は筑紫車庫。
◎西鉄大牟田線　筑紫　1994(平成6)年4月　撮影:安田就視

西日本鉄道天神大牟田線

にしにっぽんてつどう　だざいふせん
# 西日本鉄道太宰府線

**路線DATA**
開業：1902（明治35）年5月1日
区間：西鉄二日市〜太宰府
距離：2.4km
駅数：3駅

　西鉄太宰府線は1902（明治35）月に大宰府馬車軌道（軌間914mm）として二日市（当時の九州鉄道二日市駅前、後に湯町口と改称）〜大宰府間が開通し、馬が客車を牽いた。西鉄最古の路線でもある。1907年には大宰府軌道と改称され、1913（大正2）年から蒸気機関車が使用された。1927年に電化および1435mmに改軌され、道路上の軌道もほとんどが専用軌道になり、当時の九州鉄道（西鉄の前身）二日市と接続した。九州鉄道二日市と湯町口（国鉄二日市駅前）を結ぶ路線も蒸気機関車で存続したが1929年に廃止された。大宰府軌道は1934年に九州鉄道と合併し同鉄道の支線となり、1942年から西日本鉄道太宰府線となった。

　馬車鉄道時代から大宰府天満宮の参拝客輸送が主目的で、現在に至るまで単線である。終点大宰府は天満宮を模した駅舎で初詣に備え臨時改札口がある。

西鉄太宰府線は1902（明治35）3月に大宰府馬車軌道（軌間914mm）として開通した西鉄最古の路線。当初は九州鉄道（後に国有化）二日市駅前から発着したが1927年に電化および1435mmに改軌され、九州鉄道（西鉄の前身、国有化された九州鉄道とは異なる）と接続し、起点を国鉄二日市駅前から西鉄二日市（当時は九鉄二日市）に変更し1934年に九州鉄道と合併した。電車は5000系で朝夕には福岡へ直通する。◎1984（昭和59）年3月　撮影：安田就視

旧600形の急行大牟田行き。国鉄クモハ52に似た流線形車体で正面は「目がつりあがった」デザイン。
◎西鉄二日市　1959（昭和34）年3月18日　撮影：田尻弘行

1939年製造のモ301系。製造時はクロスシートの急行用だったが後にロングシート化された。
◎1959（昭和34）年3月14日　撮影：田尻弘行

太宰府線内で運行される旧特急車1300系。1300系は1961(昭和36)年に特急増発用として2編成8両が登場した。先頭車ク1300形は1951(昭和26)年製造の特急車(旧)600系の先頭車(モ600形、ク650形)を転用した車両で、電動車はクハ化された。中間車は1000系と同様の車体を新製したが、1000系の全電動車(オールM)に対し、1300系は中間車が電動車(2M2T)である。1973(昭和48)年の2000系登場後は主として普通に使用され、1986(昭和61)年に廃車された。◎西鉄太宰府線 西鉄五条~西鉄二日市 1984(昭和59)年3月 撮影:安田就視

## 西日本鉄道太宰府線

西鉄二日市車庫に待機する電動貨車モワ811（1979年にモ301から改造）と電動貨車モワ804（1942年製造）。車庫内には300系が並んでいる。◎西鉄大牟田線　二日市車両基地　1984（昭和59）年3月　撮影：安田就視

にしにっぽんてつどう　あまぎせん
# 西日本鉄道甘木線

**路線DATA**
開業：1915（大正4）年10月15日
区間：宮の陣〜甘木
距離：17.9km
駅数：12駅

　甘木は日田街道（現在の国道386号）沿いの宿場町で筑後平野北部の物資の集散地だった。三井電気軌道により1915年10月に宮ノ陣橋（現・宮の陣）〜北野間が開通し、1921（大正10）年12月に北野−甘木間が開通した。軌間は1435mm。1924（大正13）年3月に筑後川の架橋により、福島（筑後福島）〜甘木間が全線開通したが車両は路面電車形態だった。同年7月に九州鉄道（現・西鉄）に合併され甘木〜福島間が同社三井線になった。1948年11月から1500Vに昇圧し、大牟田線に乗入れ西鉄久留米〜甘木間の運転になった。翌1949年に西鉄甘木線と改称され、流線形200形が入線した。200形は1989年まで40年間使われ甘木線名物だった。終点甘木は甘木鉄道甘木駅と約200m離れている。

甘木線から大牟田線へ乗り入れる西鉄久留米行きの200形。◎宮の陣　1959（昭和34）年3月　撮影：田尻弘行

甘木線を行く200形3両。◎1978（昭和53）年6月22日　撮影：林 嶢

甘木線を行く600系2両編成。600系の一部は1989年にワンマン化改造され2編成18両が甘木線に転用され、同年10月からワンマン運転が開始され、それまでの旧型車200系を置き換えた。甘木線は三井電気軌道により1921（大正10）年12月に宮の陣－甘木間が開通し、1924（大正13）年6月に九州鉄道（現・西鉄）に合併された。◎上浦～本郷　2001（平成13）年4月　撮影：安田就視

終点甘木の手前、小石原川鉄橋を渡る200系の4両編成。卵型と呼ばれた正面が半円形の200系は1960年代から甘木線で運行され、宮の陣から大牟田線に乗り入れ、西鉄久留米のひとつ先の花畑まで運転された。
◎西鉄甘木線　甘木〜馬田　1980（昭和55）年9月　撮影：安田就視

西日本鉄道甘木線

西鉄甘木線は筑後平野の物資集散地である甘木(現在は朝倉市)と久留米を結ぶために建設された。沿線は田園地帯だが、近年は駅周辺での宅地化が進んでいる。「学校前」の名は駅近くの久留米市立宮ノ陣小学校から。◎西鉄甘木線 古賀茶屋~学校前 1980(昭和55)年9月 撮影:安田就視

西日本鉄道甘木線

甘木線の終点甘木駅。1921（大正10）年12月開設。この駅舎は1948（昭和23）年建築で現存する西鉄最古の駅舎とされる。甘木鉄道甘木駅とは約200m離れている。◎西鉄甘木線　甘木　1981（昭和56）年4月　撮影：安田就視

西日本鉄道甘木線

にしにっぽんてつどう　かいづかせん
# 西日本鉄道貝塚線

## 路線DATA
開業：1927（昭和2）年5月23日
区間：貝塚〜西鉄新宮
距離：11.0km
駅数：10駅

　西鉄貝塚線は2007年まで宮地岳線と称したが、特徴は国鉄（ＪＲ）と同じ軌間1067mmであることで天神大牟田線と異なり、離れ小島的存在である。貝塚線のルーツは1908（明治41）4月に開通した馬車軌道の津屋崎軌道（軌間914mm、福間駅前〜宮地嶽神社前）で翌1909年8月には津屋崎まで延長された。一方、石炭輸送のため西戸崎〜宇美間の鉄道（現・ＪＲ香椎線）を経営し、海運にも進出していた博多湾鉄道汽船は1924年1月、津屋崎軌道を吸収合併し、同年5月には新博多（福岡市内の千鳥橋付近）〜和白間が開業し、1925年7月には宮地嶽まで延長されたが、蒸気鉄道で宮地嶽神社などへの参拝客や海水浴輸送などが目的だった。

　1929（昭和4）年8月、新博多―宮地嶽間が電化され、現在の貝塚線の基盤ができあがったが、1939年4月には津屋崎軌道として開業した福間〜宮地嶽神社前間などが廃止された。1942年9月には、博多湾鉄道汽船は西日本鉄道に統合され、同社宮地嶽線となった。1944年5月にはいわゆる戦時買収で糟屋線（西戸崎〜宇美間など）が国有化され国鉄香椎線となった。

　戦後の1951年7月、宮地岳（宮地嶽から改称）〜津屋崎間が延長され、1954年3月には西鉄多々良（現在の貝塚）〜新博多（後に千鳥橋と改称）間が1435mmに改軌されて福岡市内線の一部となり、宮地岳線との乗り換え駅は西鉄多々良（その後、競輪場前を経て1962年に貝塚と改称）となった。

　貝塚〜津屋崎間となった宮地岳線は1960年代に入ってから沿線人口の増加で経営的にも安定したが、1979年2月には貝塚で接続する福岡市内線が全廃され、中心部へはバス連絡となった。1986（昭和61）年11月には福岡市営地下鉄2号線（箱崎線）が貝塚まで開通し宮地岳線と接続した。軌間が1067mmで同じであることから将来は地下鉄と宮地岳線の直通も想定されたがそれは実現せず、改札を介しての平面乗り換えである。平行するＪＲ鹿児島本線の増発、駅の新設で末端の西鉄新宮〜津屋崎間の乗客減少が目立ち、2007年3月末日限りで西鉄新宮〜津屋崎間が廃止され、同年4月から貝塚〜西鉄新宮間となり貝塚線と改称された。このように宮地岳線（現・貝塚線）は路線が短い割には複雑な経緯をたどっている。

宮地岳線の始発駅貝塚。1954（昭和29）年3月から西鉄福岡市内線の貝塚線と宮地岳線の乗換駅になった。（当時の駅名は西鉄多々良、その後競輪場前と改称され、1962年11月に貝塚に改称）宮地岳線駅舎の反対側に福岡市内線乗り場があった。
◎撮影：山田虎雄

貝塚駅で待機する宮地岳線モハ1とモハ2。いずれも宮地岳線電化時に木造の電車型客車を電車にした車両で、戦後になり車体を鋼体化した。モハ1とモハ2は形態が異なり、右のモハ2の方が近代的。◎貝塚　撮影：山田虎雄

宮地岳線のモハ13。木造車の車体を鋼体化した車両。◎西鉄香椎　1978(昭和53)年6月22日　撮影：林　嶢

大牟田線の300形、303・308グループを転用した宮地岳線車両。正面2枚窓が独特の風貌。
◎唐の原〜香椎花園前　2005(平成17)年4月　撮影：吉富 実

大牟田線から宮地岳線に転用された600形。◎西鉄新宮　2007(平成19)年4月　撮影：吉富 実

元博多湾鉄道汽船のデハ1形（5号）。1929年の宮地岳線電化時に登場した。西鉄になってからはモ1形になった。
◎西鉄新宮〜古賀ゴルフ場前　1973（昭和48）年12月　撮影：吉富 実

大牟田線から宮地岳線に転用された600形の3両編成、沿線は桜が満開。
◎香椎花園前〜唐の原　2006（平成17）年4月　撮影：吉富 実

西日本鉄道貝塚線

宮地嶽神社と在自山をバックに走る宮地岳線モ10形12号、博多湾鉄道汽船が投入した旧デハ10形で製造時はクロスシートだった。
◎宮地岳〜西鉄福間　1974（昭和49）年2月　撮影：吉富 実

宮地岳線に転入した300形、冷房化され正面の形がかなり変わった。◎花見〜西鉄福間　2006(平成18)年3月　撮影：吉富 実

宮地岳線のモ1形9号。元は博多湾鉄道汽船のデハ1形。◎宮地岳〜西鉄福間　1974(昭和49)年2月　撮影：吉富 実

西日本鉄道貝塚線

宮地岳線のモ1形8号。◎宮地岳〜西鉄福間　1974（昭和49）年2月　撮影：吉富 実

47

宮地岳線（現・貝塚線）貝塚からすぐの地点にある多々良工場・車庫。画面左は大牟田線から転入した313系。313系は宮地岳線への入線時は2ドアだったが後に3ドア化された。その右には福岡市内線（1979年2月廃止）500形の廃車体が並ぶ。画面中央は宮地岳線電化時に投入された車両。画面右は120系。
◎西鉄宮地岳線　貝塚　1981（昭和56）年7月　撮影：安田就視

西日本鉄道貝塚線

西日本鉄道貝塚線

多々良川に架かる名島川橋梁を渡る宮地岳線300系2両。大牟田線からの転入車で台車、モーターなどを狭軌用に交換している。名島川橋梁は1923(大正12)年建設の16連コンクリートアーチ橋で土木学会推奨近代土木遺産に認定されている。国鉄博多港貨物線、鹿児島本線とならんで多々良川を渡る。
◎西鉄宮地岳線　貝塚〜名島　1981(昭和56)年7月　撮影：安田就視

## 西日本鉄道貝塚線

国鉄（JR）香椎線との接続駅和白を発車する120形の貝塚行き。この編成は「かしいえん号」である。120形は大牟田線木造車を鋼体化した20形を大牟田線から転用した車両。香椎線は博多湾鉄道汽船によって建設され、和白は宮地岳線との接続駅であった。同社は1942年9月に西日本鉄道に統合され西戸崎～宇美間が同社糟屋線となったが、1944年5月に戦時買収で国有化され、国鉄香椎線となった。◎西鉄宮地岳線　和白　1984（昭和59）年3月　撮影：安田就視

和白を発車する120系の津屋崎行き。この先で国鉄（JR）香椎線を高架で乗り越す。◎西鉄宮地岳線　和白　1984（昭和59）年9月　撮影：安田就視

西鉄大牟田線大善寺と西鉄大川間13.6kmを結んでいた西鉄大川線。1912(大正元)年に大川軽便鉄道として開業。非電化で1937年に九州鉄道(西鉄の前身)に合併された。1951年9月休止。1966年に廃止。軌間は1067mmであるが、機関車はドイツ・マッファイ社製の9号機で軽便鉄道タイプである。◎城島　1951(昭和26)年2月17日　撮影：江本廣一

西日本鉄道大川線

西鉄大川線で使われたドイツ・マッファイ社製の9号機。元は佐世保の旧海軍工廠で使われていた。
◎若津　1951（昭和26）年2月17日　撮影：江本廣一

きたきゅうしゅうこうそくてつどう（きたきゅうしゅうものれーる）こくらせん
# 北九州高速鉄道（北九州モノレール）小倉線

### 路線DATA
開業：1985（昭和60）年1月9日
区間：小倉〜企救丘
距離：8.8km
駅数：13駅

　北九州工業地帯を擁する北九州市は1963年に発足した100万都市、政令指定都市であったが、市内交通は路面電車（西鉄北九州線）、バス（西鉄バス）が中心で高速交通機関がなかった。当時の国鉄は駅間距離が長く、列車本数も多いとはいえず市内交通には便利とはいえなかった。自動車の増加による道路混雑で特に南部の住宅地域と市中心部をむすぶ軌道系交通機関の整備が急務となった。

　北九州モノレール小倉線は1972年に施行された「都市モノレールの整備の促進に関する法律」の施行第一号として指定され、市中心部小倉（小倉北区）と南部（小倉南区）の企救丘間8.4kmを結び、1980年に工事施工認可を受け、1985（昭和60）年1月に開通した。跨座式モノレールで道路上に高架で敷設され、起点の小倉駅は国鉄（JR）小倉駅と200m離れていた。途中の北方までは1980年11月に廃止された西鉄北方線が走っていた道路上に建設されている。終点企救丘はJR日田彦山線志井公園に近い。1998年4月にはJR小倉駅ビル内に乗入れ、営業キロが400m延びている。車両は1000形4両編成で現在でも開業時の車両が使用されている。

小倉駅のターミナルビルを発つ跨座式モノレール1000系。小倉の中心街と郊外のベッドタウンを結ぶ北九州モノレールは1985（昭和60）年1月に開業した。終点の企救丘駅はJR日田彦山線の志井公園駅と近接している。◎小倉　所蔵：フォト・パブリッシング

1985（昭和60）年1月に開通した北九州モノレール。写真下は開通時の小倉駅で、写真上部のJR小倉駅とは約200m離れていることもあって、利用が伸び悩んだ。1998（平成10）年4月にはJR小倉駅ビル内まで延長され、それまでの小倉駅は「平和通」と改称された。
◎1991（平成3）年5月29日　提供：朝日新聞社

ちくほうでんきてつどう
# 筑豊電気鉄道

**路線DATA**
開業：1956（昭和31）年3月21日
区間：黒崎駅前〜筑豊直方
距離：16.0km
駅数：21駅

筑豊電気鉄道は広島電鉄宮島線とともにわが国では数少ない専用軌道を走る路面電車型鉄道である。西鉄北九州線の前身である九州電気軌道には戦前から北九州〜福岡間に筑豊経由で鉄道を建設する計画があった。戦後の1950年に黒崎（現・北九州市八幡西区）〜福岡間の敷設免許が交付され、1956年3月、貞本（現・熊西）〜筑豊中間間が開通し、1959（昭和34）年9月には貞本（現・熊西）−筑豊直方間15.4kmが全線開通した。途中、遠賀川鉄橋が架設され、終点の筑豊直方は高架駅で延長が可能な構造である。しかし、1960年前後からのエネルギー革命で石炭から石油へのシフトが起こり、筑豊の石炭産業は徐々に衰退し炭鉱の閉山も相次ぎ、福岡への延長は立ち消えとなった。歴史に「もしも」はないが、エネルギー革命が5年遅かったら福岡延長は実現しただろうといわれている。

電車は開通当初から西鉄北九州市内線と直通しており、車両も路面電車型である。現在ではＪＲ黒崎駅前発着で熊西までは西鉄北九州市内線で筑豊電気鉄道が第二種鉄道事業者となっている。

筑豊電気鉄道開通時の風景、電車は西鉄北九州線の連接車が直通した。◎筑豊中間　1956（昭和31）年3月21日　提供：朝日新聞社

遠賀川を渡る筑豊電鉄の3両連接車2000形。筑豊電鉄は1956年3月に熊西（黒崎の西方）～筑豊中間間が開通し、1959（昭和34）年9月に筑豊直方まで開通した。高架駅で国鉄直方駅まで商店街を歩いて約10分である。福岡まで建設し西鉄大牟田線と結ぶ計画があったが、エネルギー革命による筑豊の石炭産地の衰退で実現しなかった。軌間は西鉄と同様の1435mmである。
◎筑豊電鉄　感田～筑豊直方　2004（平成16）年4月　撮影：安田就視

レンゲ畑にそって走る筑豊電鉄3000形。3000形は1988年から96年にかけて登場した2両連接車で北九州線連接車1000形（筑豊電鉄譲受後の2000形）の台車、機器を再利用した。◎筑豊電鉄　筑豊香月～楠橋　2004（平成16）年4月　撮影：安田就視

黒崎車庫前を行く筑豊電鉄2000形。2000形は西鉄福岡市内線および北九州線の連接車1000形を購入し、3両連接車に改造した車両。背後の黒崎車庫には北九州市内線の1000形と600形が見える。車庫の後方がJR鹿児島本線。
◎西鉄北九州本線　黒崎車庫　1984 (昭和59) 年3月　撮影：安田就視

筑豊電気鉄道

ふくおかしこうつうきょく　くうこうせん・はこざきせん・ななくません

# 福岡市交通局 空港線・箱崎線・七隈線

### 路線DATA
【空港線】
開業：1981(昭和56)年7月26日
区間：姪浜～福岡空港
距離：13.1km
駅数：13駅

### 路線DATA
【箱崎線】
開業：1982(昭和57)年4月20日
区間：中洲川端～貝塚
距離：4.7km
駅数：7駅

### 路線DATA
【七隈線】
開業：2005(平成17)年2月3日
区間：橋本～天神南
距離：12.0km
駅数：16駅

　かつては西鉄福岡市内線の路面電車が福岡市内の都市交通を担っていたが、道路混雑は年々激しさを増し、100万都市福岡には新たな都市内交通機関が必要とされ地下鉄建設が検討された。

　1971年の都市交通審議会答申で高速鉄道(地下鉄)のルートとして「福岡空港から博多駅、呉服町、中州、天神、西新を経て姪浜へ至る路線」(1号線、現在の空港線)と「中州付近から千代町、馬出を経て貝塚へ至る路線」(2号線、現在の箱崎線)を緊急整備区間とした。1号線(空港線)の建設にあたり、国鉄筑肥線を電化した上で姪浜で接続し直通運転することになった。国鉄筑肥線は博多から福岡市南西部を横断していたが単線非電化で踏み切りも多かったため、この区間(博多～姪浜間)を廃止することになった。2号線(箱崎線)は西鉄宮地岳線(現・貝塚線)を貝塚から箱崎付近まで延長し、地下鉄と接続し直通運転することが検討されたが、西鉄側は消極的で貝塚で宮地岳線に接続することになった。

　地下鉄は公営とすることになり福岡市交通局が発足した。1981(昭和56)年7月、1号線のうち室見～天神間が開通した。1983年3月、博多(仮駅)～姪浜間が開通し、国鉄筑肥線との直通運転が開始され、同時に筑肥線博多～姪浜間が廃止された。博多仮駅から国鉄博多駅直下まで延伸したのは1985年3月である。1993年3月、福岡空港へ延伸され福岡空港～姪浜間13.1kmが開通した。2号線は中洲川端から小刻みに延長され1986年11月に貝塚まで4.7kmが開通した。

　次に3号線(七隈線)は1960年代後半以降に急速に宅地化された福岡市南西部と中心部天神を結び、天神南～橋本間12.0kmが2005(平成17)年2月に開業した。軌間は1、2号線と異なり1435mmである。いわゆる中量地下鉄で、車両は鉄輪式リニアモーターの3000系で車体断面が小さく、トンネル断面も小さくなっている。

1981(昭和56)年7月26日、福岡市営地下鉄室見～天神間5.8km開通時の発車式テープカット。開通当日は一部開通ではあるが待望の地下鉄とあって多くの市民がつめかけた。◎天神　1981(昭和56)年7月25日　提供：朝日新聞社

福岡市営地下鉄2号線（箱崎線）の1000系。2号線は中洲川端と貝塚を結び1986（昭和61）年11月に全線が開業した。
◎福岡市営地下鉄　箱崎宮前　1986（昭和61）年8月　撮影：安田就視

福岡市営地下鉄1000系の車内。座席デザインは同時期の国鉄201系に似ている。
◎福岡市営地下鉄　1984（昭和59）年3月　撮影：安田就視

福岡最新の地下鉄七隈線3000系は鉄輪式リニアモーター方式が採用されている。始発の天神南駅と空港線天神駅はかなり離れていて乗り換えに時間を要する。そのため天神南駅から博多駅への延伸工事が進められている。
◎橋本車両基地　所蔵：フォト・パブリッシング

## 福岡市交通局 空港線・箱崎線・七隈線

福岡市営地下鉄1000系。20m、4ドアロングシート、ステンレス車体の通勤車。1981年7月、室見～天神間開業時に登場。1983年3月に国鉄博多駅へ乗入れ、筑肥線との相互乗り入れを開始。1998年以降ＶＶＶＦインバーター制御へ更新され、1000Ｎ系となった。現在でも１号線（空港線）、２号線（箱崎線）の主力で、ＪＲ筑肥線と直通運転を行っている。
◎福岡市営地下鉄　姪浜車両基地　1981（昭和56）年７月　撮影：安田就視

にほんたんこうせんようてつどう　たかまつせん
# 日本炭礦専用鉄道 高松線

　鹿児島本線折尾近郊にあった日本炭礦高松炭鉱の専用鉄道で折尾〜頃末〜高松間6.9kmを結び、1927〜29年に開通した。日本炭礦は水巻村、芦屋町にあった三好鉱業、大君鉱業の炭鉱が1934年に鮎川義介が率いる日産コンツェルン系列の日本炭礦に買収された。同鉄道のＣ11は６両あり、1941年および1944年に６両が日本車輌で製造。戦時中であるが新車が入ったことはこの炭鉱が盛業であったことを物語る。他に旧九州鉄道（1906年国有化）で使用された米国製テンダ機関車5700形も使用された。最後の閉山（高松坑）は1966年であるが、専用線は1965年に廃止された。会社の解散は1971年である。

5700形5735号。米国スケネクディー製で元九州鉄道（後に国有化）の機関車。◎1955（昭和30）年３月29日　撮影：青木栄一

高松炭鉱専用鉄道のC1101とC1203。同鉄道のC11は6両あり、1941 (昭和16) 年および1944年に6両が日本車輛で製造。戦時中であるが新車が入ったことはこの炭鉱が盛業であったことを物語る。右のC1203は元国鉄C1297で、三井三池炭鉱港務所を経て入線。1971年閉山に伴い廃線。◎1955 (昭和30) 年3月29日　撮影：青木栄一

かいじまたんこうせんようせん
# 貝島炭鉱専用線

### 路線DATA
開業：1902（明治35）年2月19日
廃止：1989（平成元）年12月23日
区間：勝野～筑前宮田
距離：5.3km
駅数：3駅（全線廃止時点）

　貝島炭鉱専用鉄道の31号機。1925年ドイツ・コッペル社製の１Ｃ１タンク機。貝島炭鉱専用鉄道は国鉄宮田線（1989年12月廃止）の終点筑前宮田から長井鶴および庄司まで延びていた。延長12.2km。貝島炭鉱は1883年に開発された大之浦坑を中心とした筑豊屈指の炭鉱である。貝島の名はこの炭鉱を開発した直方出身の炭鉱王貝島太助（1845～1916）からきている。専用鉄道は1926年8月に桐野（後の筑前宮田）～長井鶴間が開通し、その後も坑区拡大によって延長された。専用鉄道のＳＬは九州から国鉄ＳＬが姿を消してもしばらく運行されたが、1976年の最後の閉山に伴い同じ年に専用鉄道も廃止された。炭鉱の跡地にはトヨタ自動車九州㈱宮田工場が進出している。

貝島炭鉱専用鉄道の31号機。1925年ドイツ・コッペル社製の１Ｃ１タンク機。◎1964（昭和39）年1月4日　撮影：髙井薫平

1919(大正8)年～20年に米国アルコ社製造の22号機（C形タンク機）が牽引する石炭車。◎撮影：髙井薫平

国鉄ＤＥ10形ディーゼル機関車と並ぶ貝島炭鉱23号機。貝島炭鉱の六坑駅から国鉄宮田線の筑前宮田駅まで石炭を積んだホッパー車を牽引していた。◎筑前宮田　1975(昭和50)年　提供：朝日新聞社

右が貝島炭鉱31号機、左は21〜23号機のいずれかと思われる。
◎1964(昭和39)年1月4日 撮影:髙井薫平

貝島炭鉱専用線

みついみいけこうむしょてつどう
# 三井三池港務所鉄道

**路線DATA**
開業：1891（明治24）年12月25日
廃止：1997（平成9）年3月（三池本線廃止）
区間：三池浜～三池港
距離：9.3km
駅数：15駅

　福岡県南端、大牟田に所在する三池炭鉱は江戸時代の1721年に採掘が始まったとされる。1873年に官営となったが1889（明治22）年に三井が払下げを受けた。三井三池港務所鉄道は三井三池炭鉱から産出された石炭を三池港に輸送するための専用鉄道。

　その変遷は複雑であるが、最初の開通は1891（明治24）年で、横須賀（後の三池浜）～平原（後の七浦）間3.0kmである。三池港までの本線の全通は1905年である。本線（三池浜～宮浦間）の電化は1932年で凸形電気機関車が使用された。戦後は従業員輸送のための通勤列車が電気機関車牽引で走り、国鉄モハ63形と同形の客車が運転されていた。1973年から三井鉱山専用鉄道となったが、その後も従業員通勤列車は運転され1984年11月まで運転された。三池炭鉱は1997年に閉山となり同専用鉄道も同じ年に廃止されたが、一部が三井化学の専用鉄道として存続。

三井三池鉄道の凸形電気機関車32号機、1923年三池製作所製の15t機を1952年に20t機に改造した。　撮影：青木栄一

1960（昭和35）年、三井三池炭鉱三池港務所一帯の空撮。有明海に面して三井三池炭鉱三川抗の石炭積出施設がある。画面中央部に三川抗ホッパー（高架式貯炭施設）が見える。その左下には三井三池港務所鉄道の終点、三池港駅がある。石炭積出のための鉄道側線が左上側に並んでいる。◎1960（昭和35）年6月9日　提供：朝日新聞社

あらおしえいでんきてつどう
# 荒尾市営電気鉄道

### 路線DATA
開業：1949（昭和24）年3月1日
廃止：1964（昭和39）年10月1日
区間：荒尾〜緑ヶ丘
距離：5.1km
駅数：10駅

　熊本県の北端、福岡県大牟田市に隣接する荒尾市が運営していた「荒尾市電」。1940年、鹿児島本線万田（1943年6月、荒尾と改称）と郊外の緑ヶ丘地区の間に建設された旧陸軍の火薬工場など軍事施設とを結ぶ工場専用線が開通した。この専用線は敗戦にともない廃止されたが、戦後になって荒尾市が払下げを受け、軍事施設跡地にできた住宅や工場の便宜を図るため1949（昭和24）年3月に一部が開業し、1950年12月に荒尾〜緑ヶ丘間が全線開業した。軌間1067mmで1949年の開通当初から電化され、保有する電車は2両だった。安全確保のために多額の費用がかかることから1964年9月廃止。1963年のJTB時刻表には荒尾〜緑ヶ丘間5.1km、35〜40分毎運転と記載されている。

水間鉄道（大阪府）から転入した「荒尾市電」101号。1940年木南車両製。◎1961（昭和36）年　撮影：田尻弘行

荒尾市営モハ17、1951年広瀬車両製。◎荒尾1955（昭和30）年３月27日　撮影：青木栄一

しまばらてつどう　しまばらてつどうせん

# 島原鉄道 島原鉄道線

## 路線DATA

開業：1911（明治44）年6月20日
廃止：2008（平成20）年4月1日（部分廃止）
区間：諫早～島原港
距離：43.2km
駅数：24駅

　島原鉄道は島原半島を半周する鉄道として1911年6月に諫早～愛野間が開通し、徐々に延長され1913（大正2）年9月、諫早～湊新地（1918年島原湊に改称、1960年南島原に改称、2019年10月島原船津に改称）間が開通した。南部は口之津鉄道として1928（昭和3）年3月に島原湊～加津佐間が全線開通したが、戦時中の1943年7月に島原鉄道に合併された。戦後の1948～49年にＣ12形蒸気機関車を自社発注し5両を日本車両から購入した。国鉄の中古ではなく新車を一挙に5両購入したことはそれだけ経営が良好だったことを物語る。1949年5月には戦後初の私鉄のお召列車が運行され、「盲人重役」宮崎康平常務取締役が陣頭指揮をして荒廃した線路の復旧に努めたとのエピソードがある。

　1990年11月に雲仙普賢岳が噴火、翌1991年6月に火砕流発生で南島原（現・島原船津）～布津間が警戒区域になったため運休してしたところ、同年6月30日に水無川で発生した土石流のため安徳～瀬野深江間は線路が埋没、流出した。復旧するもその後も土石流の被害が発生したことから、この区間を含む島原外港（2019年10月島原港に改称）～瀬野深江間が高架化され、1997年4月に全線で運転再開。南部は海岸に沿い風光明媚だったが経営難のため2008年3月末限りで島原外港（現・島原港）～加津佐間が廃止された。

島原鉄道で使われていた国鉄1号機関車（後に150形150号となる）。島原鉄道の開通に先立ち当時の鉄道院から5両の蒸気機関車が払い下げられ、その中に1872年新橋～横浜間開通時の1号機関車が含まれていた。1930年、当時の鉄道省に返還することになり、時の島原鉄道社長植木元太郎はその別れを惜しみ「惜別感無量」と記したプレートを側面に取り付けた。交通博物館を経て現在は鉄道博物館（大宮）でそのプレートをつけたまま保存展示されている。◎1929（昭和4）年　提供：朝日新聞社

島原鉄道キハ2600形、国鉄キハ26を両運転台にした車両、国鉄急行「ながさき号」に連結され小倉まで運転された。
◎諫早　1964（昭和39）年1月3日　撮影：田尻弘行

島原鉄道キハ4500形とキハ2000形。◎南島原（現・島原船津）　1964（昭和39）年1月3日　撮影：田尻弘行

77

島原湾に沿って走るキハ1600、キハ1700(元国鉄キハ16、17)の2両編成。島原鉄道は1913(大正2)年9月、諫早〜島原湊(現・島原船津)間が開通した。南部は口之津鉄道として1928(昭和3)年3月に島原湊〜加津佐間が全線開通したが、戦時中の1943年に島原鉄道に合併された。南部は海岸に沿い風光明媚だったが島原外港〜加津佐間が2008年3月末限りで廃止された。
◎島原鉄道　西有家〜龍石　1980(昭和55)年9月　撮影：安田就視

島原鉄道 島原鉄道線

キャンプ場のある加津佐駅に停車中のユニ212は、元・芸備鉄道のキハユニ17。◎1966（昭和41）年3月13日　撮影：荻原二郎

島原鉄道キハ251。旧・中国鉄道（現・JR津山線）から転入。雲仙岳が背後にそびえる。◎田尻弘行

島原鉄道 島原鉄道線

諫早駅0番線の切り欠きホームで発車を待つ島原鉄道キハ2003。◎1961（昭和36）年7月10日　撮影：荻原二郎

1978年に国鉄から譲り受けたキハ10系（キハ17、キハ16）の2両編成。島原鉄道ではキハ1700形、キハ1600形となった。この区間は島原半島の付け根部分で平地が広がっている。愛野からは雲仙鉄道が雲仙小浜まで通っていたが1938年に廃止された。
◎島原鉄道　阿母崎　1976（昭和51）年3月　撮影：安田就視

噴火前の雲仙普賢岳をバックに走る島原鉄道キハ20形。島原鉄道が発注した2003号と思われる。2003は1958（昭和33）年製造で、国鉄キハ20（200番台、窓が2段上昇式）と同様だが便所がない。国鉄の気動車列車に連結して長崎、佐世保まで運転された時期もあった。塗分けは国鉄キハ55と同じで前面に「ヒゲ」が入った。
◎島原鉄道　深江〜布津新田　1986（昭和61）年8月　撮影：安田就視

島原鉄道 島原鉄道線

やまがおんせんてつどう
# 山鹿温泉鉄道

**路線DATA**
開業：1917（大正6）年12月22日
廃止：1965（昭和40）年2月4日
区間：植木～山鹿
距離：20.3km
駅数：17駅

　山鹿は薩摩街道（後の国道3号線）の宿場町で温泉地でもある。九州鉄道（後の鹿児島本線）は1891（明治24）年7月に熊本まで開通したが、有明海寄りのルートをとったため、山鹿はルートから外れた。そこで鹿児島本線植木と山鹿を結ぶ鉄道が建設された。鹿本鉄道として1917年12月に肥後豊田間が開通し、1923（大正12）年12月に植木～山鹿間20.3Kmが全線開通した。戦後の1950年から新造の気動車（国鉄キハ41000と同形）により鹿児島本線に乗入れを開始し、1952年に山鹿温泉鉄道に改称した。この鉄道を有名にしたのは大阪市交通局のバスボディーを使ったレールバスで珍車中の珍車といわれる。1957年7月に水害で大きな被害を受け、植木～植木町間を除いて復旧したが、起点の植木と次の植木町間は路盤が崩壊し、復旧を断念し1960年12月から全線で運転休止となった。（正式廃止は1965年）

1922年ドイツ、コッペル社製の28ｔ、Cタンク機の4号機が混合列車を牽引。最後部に客車が連結。◎植木　1955（昭和30）年3月26日

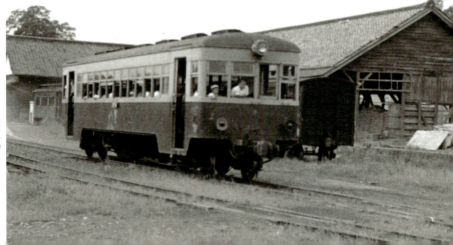

1950（昭和25）年、国鉄熊本駅乗り入れのために投入されたキハ1形。国鉄キハ41500と似ているが車体は15mである。◎1956（昭和31）年8月10日　撮影：田尻弘行

84

山鹿温泉鉄道の4号機。1922年ドイツ、コッペル社製。開通時に入線し、主力機として廃止まで運行。◎山鹿 1955（昭和30）年3月26日 撮影：青木栄一

## 九州の鉄道 私鉄・路面電車編 [現役路線・廃止路線]

# 正誤表

| 誤 | 正 |
|---|---|
| P84：中写真 撮影者の記載なし → 撮影：青木栄一 |  |

バス改造のキハ101。車庫へ戻るシーン。◎1956（昭和31）年8月10日 撮影：田尻弘行

85

くまもとでんきてつどう　ふじさきせん・きくちせん・きくちせんしせん（かみくまもとせん）

# 熊本電気鉄道 藤崎線・菊池線・菊池線支線（上熊本線）

### 路線DATA
【藤崎線】
開業：1913（大正2）年8月27日
区間：北熊本～藤崎宮前
距離：2.3km
駅数：3駅

### 路線DATA
【菊池線】
開業：1913（大正2）年3月15日
区間：上熊本～御代志
距離：10.8km
駅数：16駅

### 路線DATA
【上熊本線】
開業：1950（昭和25）年10月1日
区間：上熊本～北熊本
距離：3.4km
駅数：6駅

　1909年、熊本と隈府（後の菊池）を結ぶことを目的に菊池軌道が設立された。最初の開通は1911（明治44）年10月で池田（上熊本付近）～千反畑（後の広町、藤崎宮前の西側）間が道路上の併用軌道で開通し、1913（大正2）年8月には隈府（1958年菊池と改称）まで開通した（後の菊池線）。開通当初は軌間914mmの蒸気軽便鉄道で、上熊本から併用軌道を藤崎宮前まで向かい、ここでスイッチバックして隈府へ向かった。1923年8月には上熊本から隈府まで1067mmに改軌され電化され、翌1924年には菊池電気軌道に社名が変更された。

　戦時中に北熊本から国鉄上熊本までの短絡線（上熊本線）が計画され1950年10月に開通した。従来、菊池線から国鉄への直通貨車は従来、藤崎宮前から軌道線を経由していたが、上熊本線経由となった。上熊本～藤崎宮前間の軌道線（藤崎線）は戦後の1954年に1435mmに改軌され熊本市電坪井線（藤崎宮前～上熊本駅）となった。1986（昭和61）年2月15日限りで御代志～菊池間が廃止され、藤崎宮前～御代志間となり、現在に至っている。北熊本には車庫があり、上熊本線と菊池線の接続駅である。1942（昭和17）年に菊池電気鉄道の、1948（昭和23）年に熊本電気鉄道に改称された。

藤崎宮前駅の駅舎「隈府ゆき電車」と表示、藤崎八幡宮に近い。現在は11階建てビルの1階に駅がある。
◎1960（昭和35）年3月6日　撮影：荻原二郎

戦時中に製造されたモハ51形を電装解除して付随車になったホハ59。国鉄モハ63と同様の「食パン型」正面スタイル。
◎藤崎宮前（昭和35）年3月6日

モハ71が牽引する貨物車。◎黒髪町〜北熊本

終点菊池で待機するモハ301形の藤崎宮前行きで貨車を牽引している。元小田急のデハ1100形で1959(昭和34)年に入線した。東急5000形が入線した1986(昭和61)年頃まで使用された。
◎熊本電気鉄道　菊池　1973(昭和48)年11月　撮影：安田就視

熊本電気鉄道 藤崎線・菊池線・菊池線支線（上熊本線）

89

熊本電気鉄道の終点菊池で折り返すモハ100形103号。モハ100形は1944年製造の自社発注車。熊本電気鉄道は軌間914mmの菊池軌道として1913(大正2)年8月に池田(現・上熊本)から隈府(現・菊池)まで開通。1923(大正12)年8月に1067mmに改軌、電化。1986(昭和61)年2月に御代志〜菊池間が廃止された。電車側面に「熊本〜菊池温泉」と表示。
◎熊本電気鉄道　菊池　1980(昭和55)年8月　撮影：安田就視

熊本電気鉄道 藤崎線・菊池線・菊池線支線（上熊本線）

元・東京都交通局のモハ6000形6228。1995年から都営6000系が入線し在来車を置き換えた。◎北熊本　2010（平成22）年8月　撮影：山田亮

北熊本から藤崎宮前へ向かう6000形（後ろは6118）ワンマンの表示がある。◎北熊本　2010（平成22）年8月　撮影：山田亮

元・広浜鉄道（現・JR可部線）のモハ71。1954年に国鉄から購入。貨車を牽引したこともある。現在では北熊本車庫で保存。◎北熊本　2010（平成22）年8月　撮影：山田亮

元東急5000系「青がえる」を譲り受けたモハ5100形(5101)、1986年12月に入線。両運転台に改造されている。◎上熊本 2010(平成22)年8月 撮影：山田 亮

モハ5101の車内。ワンマン機器があるほかは東急時代そのまま。◎2010(平成22)年8月 撮影：山田 亮

木造の北熊本駅舎。◎2010(平成22)年8月 撮影：山田 亮

ビルになる前の藤崎宮前で発車を待つ元・東急5000形のモハ5100形2両編成。モハ5100形は東急デハ5100形を両運転台にした車両で1985（昭和60）年に入線した。◎撮影：髙井薫平

両運転台化されたモハ5100形5105.反対側運転台は貫通形だが、なかなか味のある「ご面相」である。◎撮影：髙井薫平

元・静岡鉄道のモハ100形で1976～79年に熊本電気鉄道が譲り受けモハ500形となった。静岡鉄道が自社工場で製造した車両で、熊電初の両開きドア、新型車両で好評だった。6000系の転入で2000年までに引退。◎菊池　1980（昭和55）年8月　撮影：安田就視

熊本電気鉄道 藤崎線・菊池線・菊池線支線（上熊本線）

元広浜鉄道（現・JR可部線）のモハ71。上熊本～北熊本の折返し運転にも使用された。◎上熊本　1962（昭和37）年12月31日　撮影：田尻弘行

北熊本駅のホーム、バックは元小田急のモハ301形。◎北熊本　1973（昭和48）年8月12日　提供：朝日新聞社

## ゆうえんてつどう
# 熊延鉄道

**路線DATA**
開業：1915(大正4)年4月6日
廃止：1964(昭和39)年3月31日
区間：南熊本～砥用
距離：28.6km
駅数：17駅

　熊延(ゆうえん)鉄道は熊本と延岡を結ぶ遠大な計画のもとに御船鉄道として1916年3月に春竹(現・南熊本)～御船間が開通し、御船から先は山あいを縫うような線形のため難工事で、1923年4月には甲佐まで開通した。1927年に熊延鉄道に改称し、1932(昭和7)年12月に春竹(1940年5月、南熊本に改称)～砥用(ともち)間28.6Kmが全線開通した。戦後はディーゼルカーを導入し、1960年から国鉄豊肥線に乗入れ水前寺まで運転された。1963年9月からは昼間時間帯はバス代行となり地方私鉄としては比較的早く早く1964年3月末限りで廃止された。沿線に一定の人口があり目立った乗客減はなかったが、経営者が鉄道に早めに見切りをつけた結果と思われる。

1950年、汽車会社製造のディーゼルカー、ヂハ102と5号機関車。◎南熊本　1955(昭和30)年3月26日　撮影：青木栄一

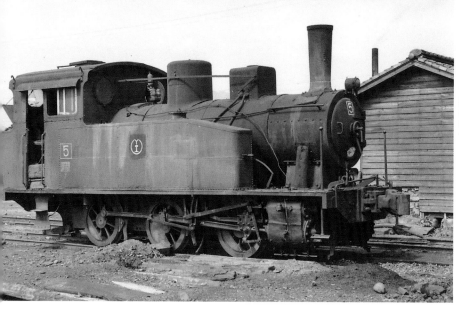

1932年、日本車両製の5号機。廃止の日まで予備機で最終列車を牽いた。◎南熊本 1960（昭和35）年3月12日 撮影：田尻弘行

正面が湘南タイプのヂハ200形202。1953年帝国車輛製、側面は優等車を連想させる窓配置だが残念ながらロングシートだった。廃止後は江若鉄道（滋賀県）へ譲渡。◎南熊本 1955（昭和30）年3月26日 撮影：青木栄一

運転台前に荷台のあるヂハ100形101。◎南熊本 1955（昭和30）年3月26日 撮影：青木栄一

おおいたこうつう　やばけいせん・うささんぐうせん・くにさきせん

# 大分交通 耶馬渓線・宇佐参宮線・国東線

### 路線DATA
【耶馬渓線】
開業：1913(大正2)年12月26日
廃止：1975(昭和50)年10月1日
区間：中津～守実温泉
距離：36.1km
駅数：19駅

### 路線DATA
【宇佐参宮線】
開業：1916(大正5)年3月1日
廃止：1965(昭和40)年8月21日
区間：豊後高田～宇佐八幡
距離：8.8km
駅数：6駅

### 路線DATA
【国東線】
開業：1922(大正11)年7月7日
廃止：1966(昭和41)年4月1日
区間：杵築～国東
距離：30.3km
駅数：20駅

　大分交通は大分県内の私鉄、バスを戦争末期の1945年に戦時統合されて成立した。耶馬渓線は中津から耶馬渓への観光客輸送と山間部の森林資源開発のため、耶馬渓鉄道として1914年12月に中津～柿坂間が開通し、1924(大正13)年6月に中津～守美間36.1Kmが全線開通した。開通当初は762mmで蒸気列車だったが、1929年に1067mmとなり、1935年からガソリンカーが導入された。敗戦直前の1945年4月に大分交通耶馬渓線となった。戦後の1960年代に入ると道路の整備が進み、1971年9月末日限りで野路～守美温泉間が廃止され、1975(昭和50)年9月末日限りで残る中津～野路間が廃止された。

　宇佐参宮線は日本三大八幡宮のひとつ宇佐八幡宮、国東半島の西部に位置する港町高田と日豊本線を結ぶために建設され、1916(大正5)年3月、宇佐参宮鉄道豊後高田～宇佐～宇佐八幡間8.8Kmが開通した。軌間は1067mm、蒸気列車で、1931年からガソリンカーが導入された。1945年4月に大分交通宇佐参宮線となり、1965年8月に全線廃止された。終点豊後高田は近年「昭和が残る町」として注目されている。

　国東線は日豊本線杵築と国東半島東部を結ぶために建設され、国東鉄道として1922年7月に杵築～杵築町(城下町杵築の中心地)間が開通。海岸沿いに路線を延ばし1935(昭和10)年11月に杵築～国東間30.3Kmが全線開通した。1931年からはガソリンカーが導入されている。1945年4月に大分交通国東線となったが1961年10月の水害で一部区間が大きな被害を受け復旧することなく、残りの区間も安岐～国東間が1964年8月末日限りで、杵築～安岐間も1966(昭和41)年3月末日限りで廃止された。現在、伊予灘に面した海上に大分空港(1971年10月供用開始)があるが、付近に鉄道の痕跡は全く残っていない。

1897年ドイツ・クラウス社製造の1408号。
◎中津　1959(昭和34)年3月20日　撮影：田尻弘行

宇佐参宮線と日豊本線との接続駅宇佐。宇佐はローマ字表記が「ＵＳＡ」で日本にあるアメリカの駅といわれた。大分交通宇佐参宮線。
◎宇佐　1961（昭和36）年11月2日　撮影：荻原二郎

大分交通耶馬渓線は中津～守実間を結んでいたが1975年に廃止された。写真は流線形ディーゼル車キハ100形105号。元は北九州鉄道（現・JR筑肥線）の車両。◎下郷　1962（昭和37）年1月14日　撮影：荻原二郎

宇佐参宮線を行く汽車会社製Ｌ形ＤＬにはさまれた木造客車の10両編成。
◎1958年1月　撮影：髙井薫平

大分交通 耶馬渓線・宇佐参宮線・国東線

大分交通耶馬渓線のキハ600形601号で「やまびこ」の愛称があった。1956年に製造され、現在は中津市内のＳＬレストラン「汽車ポッポ」で保存。同線は1924（大正13）年６月、中津〜守美（後の守美温泉）間が開通。1971（昭和46）年10月、野路〜守美温泉間が廃止、1975年10月、中津〜野路間が廃止。
◎大分交通耶馬渓線　大貞公園　1974（昭和49）年３月　撮影：安田就視

大分交通 耶馬渓線・宇佐参宮線・国東線

ディーゼルカーに牽引される客車ハフ15。◎中津

D21牽引の混合列車。D21は1953年汽車会社製の20tL型ディーゼル機関車。◎宇佐　1960（昭和35）年3月12日　撮影：髙井薫平

大分交通 耶馬渓線・宇佐参宮線・国東線

中央は1935年日本車両製のガソリンカー、キハ21。戦後ディーゼルカーとなる、左右のＤＬは日立製Ｄ30形。
◎杵築　1964（昭和39）年1月2日

宇佐参宮線キハ503。1933(昭和8)年汽車会社製の北九州鉄道(現・JR筑肥線)のディーゼルカー、国鉄を経て1951(昭和26)年に入線。
◎宇佐　1959(昭和34)年3月19日

1935年日本車両製のガソリンカー、キハ21。戦後ディーゼルカーとなる。奥には2軸客車がある。◎杵築　1957(昭和32)年11月18日
撮影：髙井薫平

大分交通 耶馬渓線・宇佐参宮線・国東線

宇佐参宮線の客車、夏の海水浴客が乗車。

# 日本鉱業佐賀関鉄道

にほんこうぎょう　さがのせきてつどう

### 路線DATA
開業：1946（昭和21）年3月11日
廃止：1963（昭和38）年5月15日
区間：日鉱幸崎～日鉱佐賀関
路線：9.2km
駅数：9駅

　佐賀関半島の先端にある日本鉱業佐賀関精錬所は1916（大正5）年5月に操業を開始した。原料（鉱石）、燃料（石炭）、製品の輸送は海上輸送だったが、戦時中に船舶輸送の危険（リスク）を回避するために日豊本線幸崎と佐賀関を結ぶ9.1Km、軌間762mmの軽便鉄道が専用線として建設された。戦時中に建設されたが開通は1946（昭和21）年3月で、レール、機関車、客貨車などは佐世保軽便鉄道から転用された。2年後の1948（昭和23）年6月から地方鉄道となり一般旅客輸送も始まった。九州の地方鉄道では唯一の軽便鉄道だったが1963（昭和38）年5月廃止。精錬所は現在でもパンパシフィック・カッパー株式会社佐賀関製錬所として操業している。

ケコキハ511が客車を牽引する。ケコキハ511は松浦線からの転入客車を1951（昭和26）年にディーゼルカーとした車両。◎佐賀関　1957（昭和32）年4月　撮影：田尻弘行

1951年製のケコキハ512、客車を牽引している。客車は松浦線（元・佐世保軽便鉄道）からの転入車。
◎佐賀関　1962（昭和37）年1月4日　撮影：田尻弘行

日本鉱業佐賀関鉄道の客車が留置されている。◎佐賀関　1962（昭和37）年1月4日　撮影：田尻弘行

みやざきこうつう
# 宮崎交通

### 路線DATA
開業：1913（大正2）年10月31日
廃止：1962（昭和37）年7月1日
区間：南宮崎〜内海
距離：20.0km
駅数：12駅

　宮崎と内海港の連絡を目的に宮崎軽便鉄道が設立され、1913（大正2）年10月、赤江（現・南宮崎）〜内海間20.0Kmが開業。軌間762mmで計画されたが国鉄との連絡を考慮して1067mm軌間としたが、最小曲線半径100mなど線路規格は軽便鉄道並みであった。1920年には社名を宮崎鉄道に変更し、1929年からガソリンカーを導入した。戦時中の1943年には交通統制で1県1社となり、宮崎バス、都城バスと合併し宮崎鉄道は宮崎交通鉄道部となった。戦後は石炭不足の影響で全国各地の中小私鉄が「電化ブーム」となったが、宮崎交通では「電車」と称して日本唯一の蓄電池動車および蓄電池機関車を1950年から導入した。蓄電池動車の運行は南宮崎〜青島間で青島〜内海間は蒸気機関車牽引列車が接続した。国鉄日南線建設のため1962（昭和37）年6月末日限りで全線が廃止され、南宮崎〜青島間は国鉄に「買収」され路盤などは国鉄（JR）日南線に転用された。宮崎は1960年代半ば〜70年代始めは「新婚旅行のメッカ」であり、大淀川沿いには高級ホテル、旅館が並んだ。宮崎交通の観光バスが多くの新婚客を運び、青島、子供の国、鵜戸神宮は「新婚さん」でにぎわった。紺の制服を着た宮崎交通のバスガイドは地元の若い女性にとってあこがれの職業だった。

1925年、ドイツ・コッペル社製の4号機。1067mm軌間だが軽便鉄道規格である。
◎内海　1959（昭和34）年3月21日　撮影：髙井薫平

蓄電池機関車ＥＤ３が牽引する混合列車。ＥＤ３は1951年製で南宮崎〜青島間で運行された。右は４号機。
◎青島　1960（昭和35）年８月

宮崎交通の蓄電池動車チハ100形103号。国鉄キハ40000形ガソリンカーを改造した。◎青島　1960（昭和35）年８月

かごしまこうつう　まくらざきせん（なんさつせん）・ばんせいせん・ちらんせん

# 鹿児島交通 枕崎線（南薩線）・万世線・知覧線

## 路線DATA
**【枕崎線（南薩線）】**
開業：1914（大正3）年4月1日
廃止：1984（昭59）年3月17日
区間：伊集院～枕崎
距離：49.6km
駅数：23駅

## 路線DATA
**【万世線】**
開業：1916（大正5）年10月22日
廃止：1962（昭和37）年1月15日
区間：加世田～薩摩万世
距離：2.7km
駅数：2駅

## 路線DATA
**【知覧線】**
開業：1927（昭和2）年6月1日
廃止：1965（昭和40）年11月15日
区間：阿多～知覧
距離：16.3km
駅数：11駅

　伊集院から薩摩半島西部を縦断し枕崎に至る鹿児島交通は以前は南薩鉄道と称していた。1914年5月に伊集院～加世田間が開通し、1931（昭和6）年3月には伊集院～枕崎間49.6Kmが全線開通した。万世線加世田～薩摩大崎（後の薩摩万世）間2.5Kmは1916年10月に開通し、阿多から分岐する知覧線は1930年11月に薩摩中央鉄道により阿多～知覧間16.3Kmが開通し、戦時中の1943年に南薩鉄道に合併された。知覧には旧陸軍の飛行場が1941年に建設され、特攻隊基地として知られている。知覧線は戦時中は兵員、兵器の輸送で多忙をきわめ、国鉄からC12形蒸気機関車を借入れた。国鉄から客車、貨車が軍用列車として直通したことは間違いないがどのような輸送だったのか今となっては資料も何もない。

　戦後は国鉄キハ07と同形のキハ100、キハ10と同形のキハ300を導入し、国鉄に乗り入れ西鹿児島までの直通運転も行われた。1963（昭和38）年10月31日には国鉄指宿枕崎線が枕崎まで延伸されたが、枕崎駅は南薩鉄道（当時）の駅であり、国鉄が私鉄駅に乗り入れる形となった。翌1964年には三州自動車と合併し鹿児島交通となり、鉄道とバスをあわせて経営した。なお、万世線は1962年1月に廃止、知覧線は1965年7月に水害で休止し、同年11月に廃止された。本線はその後も運行を続けたが、1983年6月の水害で大きな被害を受け伊集院～日置間、加世田～枕崎間が不通になった。日置～加世田間は復旧したが1984（昭59）年3月17日限りで全線が廃止された。

1926年、日本車両製のC形タンク機関車4号機。現在、加世田の南薩鉄道記念館で保存。
◎加世田　1959（昭和34）年8月7日　撮影：田尻弘行

特攻隊基地があったことで知られる知覧。阿多〜知覧間は薩摩中央鉄道として1930年11月に開通。太平洋戦争中は兵員、軍事物資の輸送で多忙をきわめた。1965年7月の水害で運休し、同年11月に廃止。車両は国鉄キハ07形と同形のキハ100形105。
◎知覧　1965(昭和40)年3月2日　撮影：荻原二郎

南薩鉄道(後の鹿児島交通)キハ300形303。国鉄鹿児島本線に乗り入れ西鹿児島まで運転されていた。
◎1954(昭和29)年　撮影：小川峯生

南薩鉄道9号機、4号機と同形、1926（昭和元）年日本車両製で元薩摩中央鉄道。◎1950（昭和25）年11月1日　撮影：江本廣一

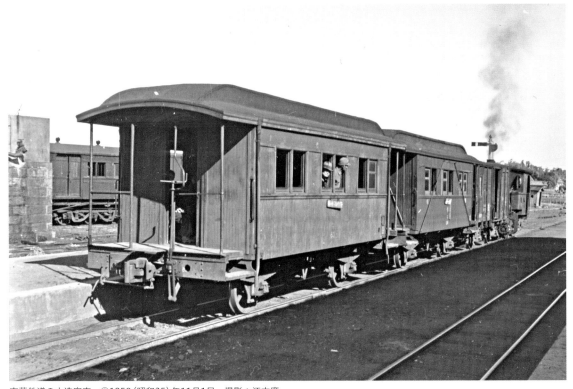

南薩鉄道の木造客車。◎1950（昭和25）年11月1日　撮影：江本廣一

鹿児島交通 枕崎線（南薩線）・万世線・知覧線

南薩鉄道３号機、1913年ドイツ、ハノーバー社製。◎1950（昭和25）年11月1日　撮影：江本廣一

南薩鉄道３号機の側面、Ｃ形タンク機。◎1950（昭和25）年11月1日　撮影：江本廣一

万之瀬川鉄橋を渡る鹿児島交通キハ100形。キハ100は国鉄キハ42600形（後のキハ07形）と同形で1952（昭和27）年に登場した。背後の山は金峯山（836m）。南薩鉄道は1964年にバス会社と合併して鹿児島交通となったが、1983（昭和58）年6月の水害で大きな被害を受け1984（昭和59）年3月に全線が廃止された。◎鹿児島交通　阿多〜加世田　1980（昭和55）年8月　撮影：安田就視

鹿児島交通 枕崎線（南薩線）・万世線・知覧線

薩摩半島を貫く鹿児島交通は以前南薩鉄道と称し、1914(大正3)年に伊集院〜加世田間が開通し、1931(昭和6)年3月に枕崎まで達した。阿多に停車中のキハ300形。キハ300は1954年に登場した両運転台車で国鉄キハ10と同形である。ここ阿多から特攻隊基地で知られる知覧まで支線(知覧線)が分岐していたが1965(昭和40)年に廃止された。
◎鹿児島交通　阿多　1980(昭和55)年1月　撮影：安田就視

鹿児島交通 枕崎線(南薩線)・万世線・知覧線

# 九州各地の私鉄時刻表（1967年7月）

## 伊集院 — 枕崎　併用 7/10 現在　（鹿児島交通）

| 運賃 | 西鹿児島 | | | | 810 | | 1215 | | | | | | | | 2005 | | | | | |
|---|---|---|---|---|---|---|---|---|---|---|---|---|---|---|---|---|---|---|---|---|
| 円 | 伊集院発 | 527 | 724 | 812 | 847 | 1013 | 1247 | 1425 | 1602 | 1659 | 1743 | 1839 | 1921 | 2040 | 2102 | … | … | … | … | … |
| 60 | 日置 | 543 | 741 | 828 | 904 | 1029 | 1304 | 1441 | 1618 | 1716 | 1759 | 1858 | 1938 | 2057 | 2118 | … | … | … | … | … |
| 180 | 阿多 | 621 | 819 | 905 | 940 | 1106 | 1346 | 1526 | 1656 | 1722 | 1836 | 1942 | 2026 | 2133 | 2154 | … | … | … | … | … |
| 190 | 世田(加世田) | 635 | 825 | 909 | 947 | 1117 | 1353 | 1535 | 1710 | 1759 | 1839 | 1945 | 2033 | 2137 | 2158 | … | … | … | … | … |
| 330 | 枕崎着 | 715 | 905 | | 1028 | 1158 | 1433 | 1615 | 1750 | 1839 | | 2025 | 2115 | | | … | … | … | … | … |

| 運賃 | 枕崎発 | … | … | 552 | 720 | … | 943 | 1113 | 1225 | 1437 | … | 1627 | … | 1754 | 1843 | 2030 | … | … | … |
|---|---|---|---|---|---|---|---|---|---|---|---|---|---|---|---|---|---|---|---|
| 140 | 加世田 | 544 | 616 | 640 | 806 | 948 | 1029 | 1158 | 1310 | 1521 | 1618 | 1715 | 1759 | 1840 | 1926 | 2112 | | | |
| 150 | 阿多 | 548 | 621 | 644 | 810 | 952 | 1033 | 1202 | 1314 | 1526 | 1622 | 1719 | 1804 | 1844 | 1931 | | | | |
| 280 | 日置 | 625 | 659 | 723 | 847 | 1030 | 1111 | 1239 | 1352 | 1603 | 1700 | 1759 | 1842 | 1921 | 2008 | | | | |
| 330 | 伊集院着 | 642 | 716 | 742 | 905 | 1046 | 1127 | 1305 | 1408 | 1620 | 1717 | 1816 | 1858 | 1939 | 2025 | | | | |
| … | 西鹿児島着 | 721 | … | | 1200 | … | | 1850 | | | | | | | | | | | |

## 西日本鉄道各線　7/10 現在　（西鉄福岡＝国鉄博多駅から市電で10分）

| 特急 初電 | 特急 終電 | 急行 初電 | 急行 終電 | 普通 初電 | 普通 初電 | 普通 終電 | 普通 終電 | キロ数 | 運賃 | 駅名 | 普通 初電 | 普通 初電 | 普通 終電 | 普通 終電 | 急行 初電 | 急行 終電 | 特急 初電 | 特急 終電 |
|---|---|---|---|---|---|---|---|---|---|---|---|---|---|---|---|---|---|---|
| 700 | 2200 | 745 | 2230 | 510 | 537 | 2250 | 2320 | 0.0 | 円 | ●西鉄福岡 | 614 | 718 | 2352 | | 710 | | 818 | 2238 |
| 715 | 2215 | 801 | 2246 | 539 | 604 | 2319 | 2349 | 15.4 | 80 | ●西鉄二日市 | 547 | 647 | 2325 | 2357 | 653 | 801 | 801 | 2222 |
| レ | レ | 813 | 2258 | 558 | 623 | 2339 | 009 | 28.9 | 120 | 西鉄小郡 | 527 | 626 | 2305 | 2337 | 640 | | レ | レ |
| レ | レ | 821 | 2306 | 608 | 634 | 2350 | 020 | 36.8 | 140 | 宮の陣 | 516 | 615 | 2255 | 2326 | 633 | | レ | レ |
| 735 | 2235 | 825 | 2310 | 613 | 639 | 2355 | 025 | 38.8 | 150 | 西鉄久留米 | 511 | 611 | 2251 | 2322 | 630 | | 739 | 2202 |
| レ | レ | | 2319 | 627 | 651 | 007 | | 45.4 | 170 | 大善寺 | | 558 | 2236 | 2307 | 621 | | 729 | レ |
| 754 | 2254 | … | 2330 | 658 | 717 | 027 | | 58.6 | 200 | 西鉄柳河 | | 540 | 2214 | 2244 | 609 | 2315 | 717 | 2143 |
| 807 | 2307 | … | 2344 | 725 | 743 | | | 74.2 | 250 | 西鉄栄町 | | 513 | 2144 | 2214 | 544 | 2301 | 702 | 2129 |
| 810 | 2310 | … | 2346 | 728 | 745 | | | 75.1 | 250 | 大牟田 | | 511 | 2142 | 2212 | 542 | 2259 | 700 | 2127 |

約30分毎　約30分毎　約25分毎　運転間隔　約25分毎　約30分毎　約30分毎

| 線名 | キロ数 | 運賃 | 区間 | 所要 | 運転時間 | 間隔 | 線名 | キロ数 | 運賃 | 区間 | 所要 | 運転時間 | 間隔 |
|---|---|---|---|---|---|---|---|---|---|---|---|---|---|
| 北九州 | 29.4 | 70円 | 門司―折尾 | 92分 | 515―2225 509―2235 | 3―8分 | 北九州 | 4.6 | 20円 | 魚町―北方 | 20分 | 515―2348 505―2334 | 3―5分 |
| 〃 | 5.5 | 20円 | 大門―畑戸 | 15分 | 505―2348 505―2346 | 3―5分 | 〃 | 5.5 | 20円 | 中央町―戸畑 | 17分 | 509―2353 506―2335 | 3―4分 |

| 宮地嶽線 | | | | | | | | 運賃 | | 駅名 | | | | | | | | |
|---|---|---|---|---|---|---|---|---|---|---|---|---|---|---|---|---|---|---|
| 宮地嶽線 | 557 | 608 | 632 | 635 | 609 | 620 | 644 | 647 | この間約12分毎運転 | 2207 2248 2242 2245 | 2245 2255 2319 2321 | 円 30 70 70 | 貝塚 香椎花園前 宮地嶽 津屋崎 | 615 604 541 539 | 638 627 604 602 | 701 650 627 625 | この間約12分毎運転 | 2236 2225 2202 2200 | 2313 2302 2238 2236 |

| 甘木線 | … | 518 | 531 | 539 | 529 | 544 | 557 | 603 | この間約12―30分毎 | 2237 2306 2315 | 2306 2321 2342 | 2350 | 円 50 80 90 | 久留米 北野 本郷 甘木 | 535 520 518 511 | 547 531 556 548 | 624 | この間約12―30分毎 | 2311 2252 2237 2230 | 2336 2321 2307 2325 | 2345 2333 |

| 太宰府線 | … | 523 | 528 | 643 | 547 | 552 | 715 | 720 | この間約25分毎 | 2235 2305 2310 | 2305 2335 2340 | 2335 005 010 | 円 80 100 | ●西鉄福岡 ●西鉄二日市 ◆太宰府 | 538 533 | 630 602 557 | 658 630 625 | この間約25分毎 | 2318 2313 | 2348 2343 | 018 013 |

## 黒崎 — 筑豊直方　7/10 現在　（筑豊電鉄）

| | | | | | キロ数 | 円 | 駅名 | | | | | | |
|---|---|---|---|---|---|---|---|---|---|---|---|---|---|
| 456 | 509 | この間 朝夕通勤時 2―3分毎 日中5―10分毎 | 2342 2359 006 014 | 2352 009 016 | 8.0 11.8 16.1 | 35 65 75 | 黒崎 筑豊中間 楠橋 筑豊直方 | 507 452 445 | 515 459 453 445 | この間 朝夕通勤時 2―3分毎 日中5―10分毎 | 2353 2336 2329 2321 | 007 2350 2343 2335 | |
| 513 | 525 | | | | | | | | | | | | |
| 520 | 532 | | | | | | | | | | | | |
| 528 | 540 | | | | | | | | | | | | |

## 熊本電鉄

| 円 | 駅名 | | | | | | | この間 | | | | | | | 北熊本乗換え |
|---|---|---|---|---|---|---|---|---|---|---|---|---|---|---|---|
| 円 20 120 | ●上熊本 北熊本 ○菊池 | 612 622 715 | 652 745 | 712 722 815 | 742 752 845 | 812 822 915 | 912 922 1015 | 1012.1112.1212.1312 1412.1512.1612.1712 | 1742 1752 1845 | 1812 1822 1915 | 1912 1922 2015 | 2012 2022 2115 | 2112 2122 2115 | 2228 2237 2330 | 北熊本乗換え |
| 円 120 | ○菊池 北熊本 ●上熊本 | … 600 609 | 630 653 703 | 700 723 733 | 730 753 803 | 833 | この間 800.830.930.1030 1130.1230.1330.1430 | 1530 1623 1633 | 1630 1723 1733 | 1700 1753 1803 | 1730 1823 1833 | 1830 1923 1933 | 1930 2023 2033 | 2030 2123 2133 | 北熊本乗換え |

| 円 | 駅名 | | | | | | | この間 | | | | | | | |
|---|---|---|---|---|---|---|---|---|---|---|---|---|---|---|---|
| 円 130 140 | ●熊本駅前 菊池駅前 ○菊池温泉 | 720 840 850 | 800 905 1010 | 840 1000 1005 | 905 958 1005 | 940 1045 1055 | 1000 1120 1130 | 1040 1145 1155 | この間 1110 1200.1250·1320 1400.1430.1530 | 1600 1705 1715 | 1640 1733 1740 | 1720 1840 1850 | 1740 1830 1837 | 1810 1903 1910 | 1850 1955 2005 | 1930 2050 |
| 円 15 140 | ○菊池温泉 菊池駅前 ●熊本駅前 | 740 720 | 830 750 | 900 840 | 905 840 | 940 908 | 948 1010 | 1000 1050 | 1037 1040 | 1130 1155 | この間 1140 1210.1250.1330 1400.1450.1530 | 1600 1608 1657 | 1630 1640 1745 | 1700 1710 1830 | 1730 1738 1810 1855 | 1800 1810 1830 1905 | 1930 1940 |

## 大分交通

| | | | この間 | | | | キロ数 | 円 | 駅名 | | | | この間 | | | |
|---|---|---|---|---|---|---|---|---|---|---|---|---|---|---|---|---|
| 642 | 741 | 923 | 1018.1205 1058.1205 1258.1416 1530.1607 1758.1718 | 1856 1928 1416 1607 | 2024 2057 1932 1952 2016 | 2125 2156 2101 2200 2219 2244 | 14.3 15.9 24.8 36.1 | 100 100 160 230 | ●中津 ○洞門 羅漢寺 ●耶鉄柿坂 ○守実温泉 | 710 727 621 558 531 | 801 811 722 700 636 | 841 826.920 803 741 716 | この間 1905 1104.1215 1320.1431 1546.1704 | 1936 2014 1901 1840 | 2044 2125 2010 1951 1927 | 2144 2114 2110 2027 |
| 715 | 812 | 956 | | | | | | | | | | | | | | |
| 720 | 816 | 1002 | | | | | | | | | | | | | | |
| 742 | 835 | 1022 | | | | | | | | | | | | | | |
| 807 | 901 | 1046 | | | | | | | | | | | | | | |

# 2章
# 路面電車

西日本鉄道軌道線
北九州交通局（若松市運輸部）
長崎電気軌道
熊本市交通局
大分交通
　　別大線
鹿児島市交通局

谷山線を行く元大阪市電800形。オレンジと緑は長らく鹿児島市電の標準色であったが、「湘南色」より色調は明るく南国らしい明るい色である。谷山線は国鉄（ＪＲ）指宿枕崎線と平行し専用軌道区間が長い。電車は1系統で鹿児島駅前〜谷山間（交通局前経由）を約40分で結ぶ。◎鹿児島市交通局　1972（昭和47）年1月　撮影：安田就視

にしにっぽんてつどうきどうせん
# 西日本鉄道軌道線

| 路線DATA |
|---|
| 【北九州線系統（北九州本線、戸畑線、枝光線）】 |
| 開業：1906（明治39）年6月11日 |
| 廃止：2000（平成12）年11月26日 |
| 区間：北九州本線　門司～折尾、戸畑線　大門～戸畑　枝光線　幸町～中央町 |
| 距離：44.3km（北九州本線29.4km、戸畑線5.5km、枝光線4.8km） |

| 路線DATA |
|---|
| 【北方線】 |
| 開業：1906（明治39）年6月11日 |
| 廃止：1980（昭和55）年11月2日 |
| 区間：魚町～北方 |
| 距離：4.6km　　停留場：12 |

　西日本鉄道は北九州、福岡の二大都市で路面電車を運行していた。北九州線は九州電気軌道により港湾都市門司、軍都小倉、製鉄所のある八幡、さらに戸畑、黒崎、折尾をむすぶ路面電車として開通した。軌間は1435mmで1911（明治44）年6月に東本町（門司）～大蔵（八幡）間18.1Kmが最初に開通し、折尾までの開通は1914年で路面電車であっても都市間連絡電車の性格もあり、最盛期は39.7Kmの路線網であった。九州電気軌道は1942年に西日本鉄道となり同社北九州線となった。魚町（小倉）と北方を結んだ北方線は馬車鉄道が起源であるが、小倉電気軌道となり1920年に改軌（軌間1067mm）、電化され1942年に九州電気軌道に合併された。

　福岡市内線の変遷は複雑だが簡単に述べると福博電気軌道、博多電気軌道（いずれも軌間1435mm）の2社が1934（昭和9）年に合併して福博電車となり、1942年に九州鉄道、九州電気軌道などと合併して西日本鉄道となり、同社福岡市内線となった。福岡市内線最初の開通は福博電気軌道による1910（明治43）年3月、大学前～黒門橋・呉服町～博多停車場前間6.4Kmである。最盛期には貫通線（九大前～姪の浜）、循環線、城南線、貝塚線など29.2Kmであった。

　戦後は北九州線、福岡市内線とも連接車の導入など輸送力増強に努めたが、一方では明治以来の木造「古豪電車」も走りファンを楽しませました。1960年代以降は自動車の増加で路面電車の存廃が論議された。北九州線は製鉄所の縮小や民営化されたJRの近郊列車増発で利用者は徐々に減少し、1985年10月に北九州本線門司～砂津間、戸畑線、枝光線が廃止され、1992年10月に北九州本線砂津～黒崎駅前間が、2000年11月には黒崎駅前～折尾間が廃止され、北九州線は全廃された。（黒崎駅前～熊西間は筑豊電気鉄道乗り入れのため存続）北方線は北九州モノレール建設のため1980年11年に廃止されている。

　福岡市内線は1973年1月の吉塚線廃止を皮切りに、1975年11月に地下鉄建設工事に伴い貫通線、呉服町線、城南線が廃止され、1979年2月には循環線、貝塚線が廃止された福岡市内線は全廃された。市内線廃止以降、地下鉄開通までは西鉄バスが都市交通機関の重責を担った。

500形517（左）と100形115（右）のすれ違い。右の100形はダブルルーフ（二重屋根）の木造車でレトロムードが漂う最古参車両だった。画面左は親和銀行（本社佐世保市）の支店。
◎東中州1964（昭和39）年1月15日　撮影：髙井薫平

旧博多駅前の500形574号。◎博多駅前　撮影：髙井薫平

西鉄大牟田線と福岡市内線城南線(城東橋付近)の平面交差。普通鉄道と路面電車の平面交差は現在では四国松山の伊予鉄道大手町で見られる。大牟田線電車は1000形。城南線は1975(昭和50)年11月に廃止され、大牟田線薬院付近も1995年に高架化された。
◎西鉄城南線　薬院　1972(昭和47)年12月　撮影：安田就視

西日本鉄道軌道線

天神交差点を行く貫通線(九大前〜天神〜姪の浜)の500形575号。バックは天神のランドマーク岩田屋百貨店。貫通線は1975(昭和50)年11月廃止。画面左側に見える塔は信号塔、管制塔などと呼ばれ、係員が電車の行き先表示を見てポイントを切り替えていた。◎西鉄貫通線　天神　1972(昭和47)年12月　撮影：安田就視

西日本鉄道軌道線

天神交差点に近づく貫通線の500形。背後のビルは現存。この通りは明治通りで現在この下を地下鉄空港線が通っている。
◎西鉄貫通線　天神　1972(昭和47)年12月　撮影：安田就視

西日本鉄道軌道線

1963（昭和38）12月に国鉄博多駅が移転し、西鉄福岡市内線も翌1965年7月から循環線が（新）博多駅前を経由したが1979（昭和54）年2月に廃止された。車両は500形。この博多駅ビル（井筒屋博多店が入居）は2007年に取り壊された。
◎西鉄福岡市内線　博多駅前　1972（昭和47）年12月　撮影：安田就視

西日本鉄道軌道線

小倉の中心部ですれちがう北九州線。右は連接車1000形
◎西鉄北九州本線　魚町　1971(昭和46)年頃　撮影:安田就視

西日本鉄道軌道線

魚町電停での北九州線本線600形のすれ違い。右が門司行き、左が折尾行き。画面左の富士銀行（現・みずほ銀行）前の交差点を左折すると北方線の魚町電停があった。画面左端は井筒屋小倉本店。西鉄北九州線（本線）門司〜砂津間11.6kmは1985（昭和60）年10月に、魚町を含む砂津〜黒崎駅前間12.7kmは1992（平成4）年10月に廃止された。
◎西鉄北九州本線　魚町　1984（昭和59）年3月　撮影：安田就視

西日本鉄道軌道線

北方線の300形302。◎魚町

ポール集電時代の北九州線100形113。1935〜36年に製造された当時の九州電気軌道の代表車両。◎砂津1951（昭和26）年6月2日

戸畑駅付近を走る西鉄北九州線。バックは若戸大橋。◎1967（昭和42）年4月

小倉中心部の魚町と北方を結ぶ北方線は狭軌（軌間1067mm）で本線系統（軌間1435mm）とは異なり独立した線であったが、北九州モノレール建設のため1980年11月に廃止された。北方線はヨーロッパスタイルの連接車330形が主力だった。
◎西鉄北方線　1972（昭和47）年4月　撮影：安田就視

北方線300形301。◎魚町　1964（昭和39）年11月　提供：朝日新聞社

西日本鉄道軌道線

馬車鉄道に端を発する北方線の終点北方。電車はヨーロッパスタイルの連接車330形。現在は北九州モノレールが近隣を走る。
◎西鉄北方線　北方　1973（昭和48）年11月　撮影：安田就視

久留米市内日吉町と福島間12.0Kmを結んでいた西鉄福島線。1913年に三井電気鉄道として開業。1924（大正13）年、九州鉄道（西鉄の前身）に合併され1942（昭和17）年に西日本鉄道となる。国道3号線上に敷設されていた路面電車だが1958年11月に廃止。写真は国道3号線上を走る200形で廃止後福岡市内線へ転属。1958（昭和33）年頃　撮影：田尻弘行

西鉄福島線の終点福島駅の電車のりば。◎福島1958（昭和33）年11月27日　撮影：田尻弘行

大牟田市は化学工業が集中した工業都市だったため1944（昭和19）年11月から翌年8月に4回にわたり米軍機の空襲を受けた。特に1945（昭和20）年6月18日及び7月27日の空襲で市街地がほぼ焼失した。撮影は1945年9月で焼け跡を行く西鉄大牟田市内線の200形電車、画面左側で三井三池港務所鉄道と交差している。背後の工場は三井化学大牟田工場。◎1945（昭和20）年9月　提供：朝日新聞社

大牟田市内の旭町〜大牟田駅前〜四ツ山間4.7Kmを走っていた西鉄大牟田市内線。1927（昭和2）年12月大牟田電気軌道として開通。1941（昭和16）年に九州鉄道と合併し、翌年西日本鉄道大牟田市内線となる。バスに対抗できず1952（昭和27）年営業休止、1954（昭和29）年廃止。写真の車両は169号。◎撮影：江本廣一

きたきゅうしゅうこうつうきょく（わかまつしうんゆぶ）
# 北九州交通局（若松市運輸部）

### 路線DATA
開業：1936（昭和11）年5月5日
廃止：1975（昭和50）年11月1日
区間：若松～安瀬
距離：3.4km
駅数：5駅

1936（昭和11）年に若松市営軌道線として開業。国鉄若松駅とその北部の工場が集中する埋立地の間で貨車輸送を行い旅客輸送は行わなかった。北湊線（若松～北湊間）1.3Ｋm、浜ノ町線（中川通～浜ノ町間）0.6Ｋm、連歌浜線（中川通～安瀬間）2.1Ｋm、計4.0Ｋm。1963年に北九州市営となったが、交通量の多い通りを凸形電気機関車に牽かれた「貨車行列のお通り」は交通渋滞の原因とされ1975（昭和50）年10月末限りで廃止された。商店街をゆっくりと走る貨物列車は「貨車行列」といわれたが、沿線住民には騒音、振動をもたらすだけで何のメリットもなく苦情が多かった。電気機関車はすべて凸形であった。

北九州市営軌道線の101号機。1950年、日本鉄道自動車で製造。◎1951（昭和26）年6月3日　撮影：江本廣一

北九州市若松の中川通り商店街をゆっくりと走る北九州市営鉄道の貨物列車。「貨車行列」といわれた。単線だが沿線住民には騒音、振動をもたらすだけで何のメリットもなく苦情が多かった。電気機関車はすべて凸形で、写真の機関車はＥＤ201。1952年三菱製。
◎1961(昭和36)年6月　提供：朝日新聞社

ながさきでんききどう
# 長崎電気軌道

　江戸時代、外国に開かれた唯一の「窓」であった長崎は明治になり工業都市として発展し、明治時代末期から長崎に路面電車を走らせる計画が浮上した。1915（大正4）年11月に長崎電気軌道（軌間1435mm）により県病院下（現・大学病院前）〜築町（現・新地中華街）間が開通した。1917年6月には出雲町（現・石橋）、1919年12月には長崎駅前〜桜町間、1921年4月思案橋、1933年12月に北部の大橋に路線を延ばし、1934（昭和9）年12月には蛍茶屋へ達し、現在の路線網に近くなった。

　1945年8月9日、長崎への原爆投下で全線が不通になり従業員110余名が犠牲になり、車両16両を失った。資材の入手難、食糧難を克服して復旧に努め同年12月25日には中心部の長崎駅前〜西浜町〜蛍茶屋間が復旧。壊滅的被害を受けた浦上駅前〜大橋間は1947年5月に復旧し、最後の復旧は1953年7月の西浜町−思案橋間である。路線の延長も行われ、1950年9月に大橋〜住吉間、さらに1960年5月に住吉〜赤迫間、1968年3月に思案橋〜正覚寺下（現・崇福寺）間が開通し現在の路線網ができあがった。

　1984年6月には運賃を100円としたが「100円電車」は2009年10月に120円になるまで25年間続いた。（2019年4月から130円）近年では軽快電車、超低床式電車が導入されているが、一方では昭和30年代に製造された電車も冷房化されて走り、市民、観光客に親しまれている。

被爆から5年。復興途上の浦上駅前を行く木造車20形26号。1919〜21年に自社工場で20両を製造。
◎浦上駅前　1950（昭和25）年5月21日　撮影：江本廣一

120形127号、画面左はNHK長崎放送局。◎長崎駅前　撮影：髙井薫平

200形216号。◎長崎駅前　撮影：髙井薫平

200形205号。1系統赤迫行き。◎浦上駅前　1967（昭和42）年9月6日

370形の蛍茶屋行きが軽やかに走行する。

長崎電気軌道

長崎電軌360形。1961 (昭和36) 年に登場した全金属製車両で、後に冷房化された。現在でも360形は全車7両が現役である。撮影された1972 (昭和47) 年は長崎へは国鉄利用が常識で東京、大阪からは長旅だったが、長崎駅前で見る山裾から山上まで住宅で埋まっている光景は異国の味わいがあり「長崎へ来た」との感を深くした。◎長崎電気軌道　長崎駅前　1972 (昭和47) 年12月　撮影：安田就視

夜の西浜町電停。電車は300形302号。
◎長崎電気軌道　西浜町　1972(昭和47)年12月　撮影：安田就視

長崎電気軌道

大浦支線(築町〜石橋、築町は現在の新地中華街)を行く200形。画面左側で右折して大浦海岸通へ向かう。大浦天主堂下は1980(昭和55)年5月に弁天橋から改称した。手前の川は大浦川で、この区間(大浦海岸通〜石橋)は単線で電車は終点石橋でそのまま折り返す。大浦天主堂下は2018年8月に大浦天主堂に改称。
◎長崎電気軌道　大浦天主堂下　1984(昭和59)年3月　撮影:安田就視

長崎電気軌道

# 熊本市交通局

くまもとしこうつうきょく

　1921年、熊本市内の路面電車として熊本電車株式会社が設立された、路面電車は公営とすべきとの声も強く、翌1922年に市営化が決まった。1924（大正13）年8月、最初の路線として本線（熊本駅前～浄行寺町間4.7Km）支線（水道町～水前寺間2.2Km）が開通した。1928年12月、黒髪線浄行寺町～子飼橋間0.5Km延長、翌1929年6月、春竹線辛島町～春竹駅前間1.7Km、上熊本線辛島町～段山間1.4Kmが開通。（春竹駅は現在のJR豊肥線南熊本駅）1935年3月、上熊本線段山～上熊本駅前間1.3Kmが開通した。戦争末期の1945年5月、健軍線水前寺～健軍間3.3Kmが開通したが三菱の航空機製造工場への工員輸送が目的だった。

　敗戦後まもない1945年12月には熊本電気軌道（熊本電気鉄道とは異なる）から百貫線百貫石～田崎間6.5Km、川尻線河原町～川尻間7.5Kmを買収。戦後の1953年6月、熊本大水害で大きな被害を受ける。1954年10月、熊本電気鉄道の上熊本～藤崎宮前間の軌道線（藤崎線）を引継ぐ形で、1435mmに改軌のうえ坪井線（藤崎宮前～上熊本駅間2.1Km）が開通。1959年12月には田崎線熊本駅前～田崎間0.6Kmが開通。

　熊本国体の開かれた1960（昭和35）年からの数年間が熊本市電の最盛期で1963年度には年間乗客数が4274万人を記録した。

　一方では廃止も始まった。1965年2月、百貫線百貫石～田崎間、川尻線河原町～川尻町間が廃止。1970年5月、坪井線藤崎宮前～上熊本駅間、春竹線辛島町～南熊本駅前間が廃止。1972年3月黒髪線の一部水道町～子飼橋間が廃止。この頃から市電の全廃が議論されはじめたが、1973～74年の石油ショックは市電の存続議論に影響を与え、1979年には2号線田崎橋～健軍町、3号線上熊本駅前～健軍町間の存続が議会で議決され現在に至っている。

菊池電気軌道が投入した木造車。◎上熊本　1950（昭和25）年5月19日　撮影：江本廣一

廃止になった春竹線の60形63号。◎南熊本駅前　1962（昭和37）年

熊本駅前の200形205号。1系統、子飼橋行き。画面右は1958年に建てられた鉄筋コンクリート3階建ての駅舎で2、3階に鉄道管理局が入り、当時全国の鉄道管理局所在地駅に建てられた「官庁建築」である。中心部の繁華街とは距離があり市電で連絡。200形は1958年に10両が登場した。◎熊本駅前1961（昭和36）年8月9日　撮影：荻原二郎

元大阪市電の400形403号。
◎水前寺公園

## 熊本市交通局

60形65号と80形82号。
◎熊本駅前

水道町～子飼橋間を結んでいた黒髪線の終点子飼橋。子飼橋は商店、飲食店が集まり庶民的な雰囲気で近くに熊本大学や旧制第五高等学校記念館もあり学生街でもあった。画面奥には映画館もあった。電車は130形131。黒髪線水道町～子飼橋間は1972（昭和47）年2月末限りで廃止。
◎子飼橋　1964（昭和39）年3月12日

熊本市交通局

4輪単車10形18号。7系統は廃止された川尻線の系統である。◎慶徳校前　1962（昭和37）年3月6日　撮影：小川峯生

熊本市交通局

350形353号と180形182号。4系統は廃止された坪井線（藤崎宮前〜上熊本駅前）◎1962（昭和37）年3月6日　撮影：小川峯生

田崎線の終点田崎橋。電車は1955(昭和30)年製造の1090形1097号。1978(昭和53)年から冷房化され、現在でも運行されている。JR熊本駅前を経由する2系統(田崎橋〜健軍町)は現在A系統となっている。
◎熊本市交通局　田崎橋　1984(昭和59)年3月　撮影:安田就視

熊本市交通局

おおいたこうつう　べつだいせん
# 大分交通 別大線

### 路線DATA
開業：1900（明治33）年5月10日
廃止：1972（昭和47）年4月5日
区間：大分駅前～亀川駅前
距離：18.4km
停留場：32

　1900（明治33）年5月、豊州電気鉄道により大分～別府間に電気鉄道が開通した。軌間1067mm、併用軌道の路面電車だった。電車の開通は日本で5番目、九州最初の電車だった。大分の市内電車と大分～別府間の都市間連絡電車のふたつの使命があった。1906年には豊州電気鉄道が経営難で破産したため、豊後電気鉄道に引継がれた。1916年には経営権が九州水力電気株式会社に移り、1919年2月には日豊線大分駅前まで延長された。1922年3月には大分市内で新川、濱町経由の海岸寄りの新線が開通した。旧線は1925年12月に営業を中止した。
　昭和に入り、1927年（昭和2）年、九州水力電気は本来の電気事業に専念するため、別府大分電気鉄道が新たに設立され、大分～別府間電気鉄道の経営にあたることになった。1929年5月には北浜～別府駅前間の支線が開通し、1930年12月には別府の北側、亀川新川まで延長され、戦時中の1942年3月、亀川駅前まで延長された。1945年2月には別府大分電気鉄道大分県内の鉄道、バスを統合した大分交通に統合され大分交通別大線となった。
　戦後、昭和30年代に入り観光客が増えたこともあり、年間1200万人台の利用があり、黒字経営であった。1961年10月26日、仏崎付近で豪雨による土砂崩れが発生し電車（205号）が埋没し乗客31名が死亡する惨事が発生している。1963年のJTB時刻表には「別大線、大分駅前～北浜～亀川駅前、18.4キロ50円、9～20分毎」と記載されている。昭和40年代に入り、バスへの転移などで利用者は減少傾向になり1969年から赤字決算となった。道路混雑とあいまって電車の存廃が議論され、1972（昭和47）年4月4日、大分駅前～亀川駅前18.4Kmが廃止された。西大分駅前～東別府駅前間の専用軌道は国道10号線の道路拡幅用地に転用された。

300形301号と150形166号。◎大分駅前

150形159号、後ろは150形164号。

100形115号。

163

別府北浜付近を行く500形の２両連結運転。右は亀ノ井バスのボンネットバス。◎1963（昭和38）年５月17日　撮影：荻原二郎

新川車庫でズラリと並ぶ電車。左から２列目は1100形。◎1972（昭和47）年３月　撮影：髙井薫平

164

大分交通 別大線

別院前で交換する100形。左は国道10号線。撮影：髙井薰平

かごしましこうつうきょく
# 鹿児島市交通局

　わが国最南端の路面電車である鹿児島市電は民営の鹿児島電気軌道により1912（大正元）年12月、武之橋－谷山間が最初に開通した。その後、市中心部へ路線を延ばし、1914年12月には鹿児島駅前まで延長され、1915年12月には高見馬場から武駅前（武駅は後の西鹿児島駅、現在の鹿児島中央駅）まで延長された。1920年には柿本寺通（現・加治屋町）～伊敷（後の玉江小学校前）間の伊敷線が、1927年には朝日通から分岐し現在の国道10号を経由し竪馬場に至る上町線が開通した。

　1928（昭和3）年7月、鹿児島市電気局に移管され鹿児島市営電車（鹿児島市電）となった。（電気局は戦後の1952年に交通局となる）市営化の翌年1929年には上町線が柳町まで延長され、総延長15.5kmとなった。1945年6月17日の鹿児島大空襲で62両中27両が焼失し32両が破損した。

　戦後の復旧にあたり上町線は朝日通からの分岐が市役所前からの分岐に変更された。戦後は唐湊線が建設され、西鹿児島駅～中州通間が1951年10月に、中州通～郡元間が1959年12月に開通し、谷山線（現在の1系統）につながり西鹿児島～郡元～高見馬場～西鹿児島駅前の循環線ができ「鹿児島の山手線」といわれた。上町線も延長され清水町まで1961年4月に開通し、伊敷線も1961年12月に伊敷町まで延長開通した。

　1960年代には自動車の増加による渋滞で電車の運行にも大きな影響がでた。1985年9月末日限りで上町線（市役所前～清水町）、伊敷線（加治屋町～伊敷町）が廃止された。残ったのは現在の1系統（鹿児島駅前～交通局前～谷山間9.4km）、2系統（鹿児島駅前～鹿児島中央駅前～郡元間5.6km）である。この2系統については路面電車の魅力を高める努力がなされ1986年には全車両が冷房化され、1989年からは新形車両（2100形など）が投入され、2002年には低床電車（1000形、ユートラム）、2007年には超低床連接電車（7000形、ユートラムⅡ）、2017年には超低床電車（7500形、ユートラムⅢ）が投入されている。

111形125号、元・東京都電。◎高見橋　1959（昭和34）年6月16日　撮影：江本廣一

鹿児島駅前電停で待機する600形614号(伊敷行き)と500形の谷山行き。伊敷線は1985(昭和60)年に廃止された。
◎1963(昭和38)年1月19日 撮影:荻原二郎

800形824号が上町線(廃止線)の岩崎谷付近を走る。

167

300形308号、元・東京都電（元・王子電車）の車体を新造した車両。

鹿児島市交通局

600形612号、画面左は山形屋デパート。◎高見馬場

300形が繁華な町並みを駆け抜ける。夏の暑い日、窓が全開である。◎1961(昭和36)年8月10日　撮影：荻原二郎

フェニックスが茂り南国ムードあふれる鹿児島駅前を発車する600形広告電車。鹿児島駅前は市電の東側出発点。画面右は鹿児島駅で官庁街に近く地元では「本駅」と呼ばれ明治の鉄道開通以来鹿児島の代表駅であった。1960年代以降「西駅」が中心となったが、地元の愛着は強く駅名改称運動でも「鹿児島」の名を守った。
◎鹿児島市交通局　鹿児島駅前　1982（昭和57）年10月　撮影：安田就視

鹿児島市交通局

市電600形601号と日豊本線の蒸気機関車。Ｃ57形と思われる。国鉄の架線柱が見えるが、鹿児島本線の電化は1970（昭和45）年10月に鹿児島まで完成した。日豊本線は非電化で蒸気機関車（ＳＬ）の活躍舞台だった。
◎鹿児島市交通局　鹿児島駅前　1972（昭和47）年1月　撮影：安田就視

鹿児島市交通局

三角屋根で親しまれた西鹿児島駅前を行く600形。西鹿児島駅は鹿児島、日豊本線の始終着駅で中心商業地に近く鹿児島の代表駅で駅名改称運動もあったがなかなか実現しなかったが、2004（平成16）年3月九州新幹線開通時に鹿児島中央に改称され、電停も同時に改称された。左は1972（昭和47）年に設置された「若き薩摩の群像」モニュメント。◎鹿児島市交通局　西鹿児島駅前　1982（昭和57）年10月　撮影：安田就視

鹿児島市交通局

## 安田就視（やすだ なるみ）

1931（昭和6）年2月、香川県生まれ、写真家。日本画家の父につき、日本画や漫画を習う。高松市で漆器の蒔絵を描き、彫刻を習う。その後、カメラマンになり大自然の風景に魅せられ、北海道から九州まで全国各地の旅を続ける。蒸気機関車をはじめとする消えゆく昭和の鉄道風景をオールカラーで撮影。

## 【写真解説】
## 山田 亮（やまだ あきら）

1953（昭和28）年生、慶応義塾大学法学部卒、慶応義塾大学鉄道研究会OB、鉄研三田会会員、元地方公務員、鉄道研究家で特に鉄道と社会の関わりに関心を持つ。1981（昭和56）年「日中鉄道友好訪中団」（竹島紀元団長）に参加し、北京および中国東北地区（旧満州）を訪問。1982年、フランス、スイス、西ドイツ（当時）を「ユーレイルパス」で鉄道旅行。車窓から見た東西ドイツの国境に強い衝撃をうける。2001年、三岐鉄道（三重県）70周年記念コンクール「ルポ（訪問記）部門」で最優秀賞を受賞。現在、日本国内および海外の鉄道乗り歩きを行う一方で、「鉄道ピクトリアル」などの鉄道情報誌に鉄道史や列車運転史の研究成果を発表している。

## 【写真提供】

青木栄一、江本廣一、小川峯生、荻原二郎、髙井薫平、田尻弘行、林嶢、安田就視、山田亮、山田虎雄、吉富実、朝日新聞社

# 九州の鉄道
## 私鉄・路面電車編【現役路線・廃止路線】

発行日 ……………………2019年12月5日　第1刷　　※定価はカバーに表示してあります。

著者 ……………………安田就視、山田 亮
発行者 …………………春日俊一
発行所 …………………株式会社アルファベータブックス
　　　　　　　　　　〒102-0072　東京都千代田区飯田橋 2-14-5 定谷ビル
　　　　　　　　　　TEL. 03-3239-1850　FAX.03-3239-1851
　　　　　　　　　　http://ab-books.hondana.jp/

編集協力 ………………株式会社フォト・パブリッシング
デザイン・DTP ………柏倉栄治
印刷・製本 ……………モリモト印刷株式会社

ISBN978-4-86598-855-0 C0026
なお、無断でのコピー・スキャン・デジタル化等の複製は著作権法上の例外を除き、著作権法違反となります。